Moje druženje

Z RASTLINAMI

DAMJANA ZUPANČIČ BOŽIČ

MOJE DRUŽENJE Z RASTLINAMI

Avtorica: Damjana Zupančič Božič
Založnik: Aero Print, Cangura
Lektura: Nastja Pozelnik
Fotografije, oblikovanje in grafični prelom: Jan Poreber
E-pošta: info@cangura.com
Direktorica in odgovorna oseba: Maja Tomšič
Naklada: tisk na zahtevo
Leto izida: 2022

CIP - Kataložni zapis o publikaciji
Narodna in univerzitetna knjižnica, Ljubljana

582:615.322
581.6:641

ZUPANČIČ-Božič, Damjana
Moje druženje z rastlinami / Damjana Zupančič Božič. - Ljubljana : Aero Print, 2022

ISBN 978-961-95539-1-6
COBISS.SI-ID 108902147

Pomembno opozorilo: Knjiga je oblikovana glede na trenutno splošno poznavanje rastlin. Ti nasveti ne nadomeščajo terapije, ki vam jo je predpisal zdravnik, ampak so lahko pomoč pri lajšanju zdravstvenih težav. Pri uporabi rastlin opisanih v knjigi bodite posebej previdni pri nosečnicah in otrocih. Založba in avtorica ne odgovarjata za morebitne pomanjkljivosti ali škodo, ki bi nastale zaradi neustrezne uporabe rastlin iz te knjige.

*Pridi, obišči me v mojem skrivnostnem vrtu,
kjer cvet ne tekmuje s cvetom poleg njega,
ampak le cveti.*

(neznani avtor)

Knjigo posvečam sinovom Benjaminu, Leonu in Niku.

Vsebina

Knjigi na pot

Kako se je rodila ideja za knjigo?

Sodoben način življenja narekuje hiter tempo naših vsakodnevnih dejavnosti. Niti v prostem času se ne znamo umiriti. Če že gremo v naravo, pogosto hitro hodimo, tečemo ali kolesarimo saj želimo okrepiti svoje telo. Pogosto smo v naravi celo s slušalkami v ušesih, z mislimi pa smo v svojem svetu in ne tam, kjer se v resnici nahajamo. Razvoja rastlin v naravi največkrat sploh ne opazimo. Ne vidimo, da je lipa že ozelenela ali da je čemaž že zacvetel. Ob gozdni poti ne opazimo mladih, svetlečih lističev regačice ali dišečih novih poganjkov kraškega šetraja. Največkrat tudi ne pomislimo, da bi nam te drobne in skromne rastline lahko okrepile zdravje, če bi jim to dovolili. Pa jim ne. Mi hitimo mimo. Vam to zveni poznano?

Tudi jaz sem bila med tistimi, ki tako hitijo skozi življenje. Rastline v naravi me nekoč niso kaj dosti zanimale. Bila sem na vrtiljaku dnevnih obveznosti, ki se je vrtel prehitro, da bi jih utegnila opaziti. A ta vrtiljak se je zame nenadoma ustavil. Težka življenjska preizkušnja me je prisilila, da sem za nekaj časa izstopila iz njega, se umirila in končno zazrla vase.

Spoznala sem, da sem dobila še eno dragoceno življenjsko priložnost, ki je ne smem izpustiti. Postavila so se mi nova vprašanja: »Kaj dobrega lahko naredim zase? Kaj bi me osrečevalo? Kaj lahko v svojem življenju spremenim?« In takrat sem šele zares odkrila naravo, zdravilne rastline in samonikle užitne rastline. Začela sem jih poglobljeno raziskovati in uporabljati na mnoge načine. To me je osrečevalo. Pridobljeno znanje in ideje sem želela deliti še z drugimi; z mojo družino in prijatelji. Koristile bodo tudi njim, saj me velikokrat prosijo za nasvet.

Tako je nastala ideja za to knjigo. Bil je večkratni uvid - neka nežna, a odločna sila, ki me je vlekla naprej. Ta sila me je navduševala, mi dajala zagon in me budila ponoči ali zgodaj zjutraj. Navdihovala me je, da sem zjutraj takoj vstala in misli takoj zlila na papir, dokler so bile še sveže. Knjiga je nastajala štiri leta.

Kaj knjiga prinaša?

Druženje z rastlinami? Da, tudi to je možno!

Knjiga vas preko dvajset poglavij vzpodbuja in uči, kako lahko zdravilne in užitne samonikle rastline sprejmete za svoje prijateljice. Predstavlja mojo zgodbo druženja s posamezno rastlino, ki naj navdihne tudi vas. Vsebuje opis rastlin, nasvete, kako lahko rastline uporabimo za boljše zdravje in prehrano, značilne učinkovine in zanimive zgodbe uporabe teh rastlin skozi zgodovino.

V knjigi je 48 receptov za uporabo rastlin:

- Poskusite pripraviti sorbet z močvirskim osladom, orehov liker, lipov sirup z vrtnicami, namaz iz morskega koprca, omako iz kopriv, sivkin kolač, kekse z regratovimi cvetovi, zeliščne čaje in še kaj drugega.

- Bi se radi preizkusili v izdelavi svojega šentjanževega olja, ognjičevega mazila, smiljeve kreme, seruma za obraz, sivkinega mila ali repelenta proti komarjem z rožmarinom? Vse to najdete v knjigi.

Ob rastlinah se lahko tudi sprostite. Upočasnite se, odložite elektronske naprave in stopite v stik z njimi. Bodite pozorni na vaše čute in uživajte

- Prepustite se občutkom ob veličastnem pogledu na nežna vijolična polja sivke in dovolite, da vam duša poleti v višave.

- Potipajte list žajblja, poraslega z drobnimi mehkimi dlačicami in pobožajte bezgov cvet, ki je kot čipkasta nevestina obleka.

- Povonjajte sladkobni vonj cvetov oslada, ki tako zelo spominjajo na med. Povonjajte svežo meto in začutite, kako vas prebudi.

- Sedite na kamnito klop pod mogočno lipo in prisluhnite zgodbam, ki jih šepetajo njene veje, ko zaplešejo v vetru. Prepustite vaše misli, naj zaplešejo z njimi.
- Vzpostavite dialog z rastlinami, družite se z njimi in jih poskusite uporabiti na različne nove načine, ki bodo v prid telesu in duši.

Komu je knjiga namenjena?

Vsem, ki ste ljubitelji narave in vsem, ki to še niste, pa bi želeli postati. Verjamem, da vas bo ta knjiga k temu vzpodbudila.

Radovednim, ki želite iz rastlin, ki jih sami naberete, pripraviti nekaj drugačnega. Tistim, ki se želite v druženju z rastlinami sproščati in uživati.

Mojim otrokom kot dediščina, kot zbirka preprostega uporabnega znanja in idej o rastlinah, ki sem jih zbrala in zapisala. Želim si, da bi se ohranili za naslednje rodove. Mnogo družinskih zgodb in receptov je zbranih v knjigi, z namenom, da se ne pozabijo.

Mojim prijateljem in znancem, ki me pogosto sprašujejo o zdravilnih rastlinah in bi jih uporabljali še več, če bi imeli ideje, kako. Mnogo spominov in receptov v tej knjigi izhaja iz naših druženj.

Vsem vam, ki ste na to knjigo naleteli po naključju in vas je pritegnila, saj ste najbrž sorodna duša, ki jo zanimajo rastline in narava, tako kot mene. Verjamem, da boste v knjigi našli veliko navdihov. Pozdravljeni prijatelji, ki vas še ne poznam.

Kaj vsebuje vsako poglavje?

Knjiga obsega dvajset poglavij, pri čemer je vsako poglavje namenjeno eni rastlini: čemažu, regačici, regratu, koprivi, kraškemu šetraju, morskemu koprcu, melisi, rožmarinu, ognjiču, bezgu, meti, sivki, šentjanževki, osladu, lipi, materini dušici, smilju, žajblju, čiliju in orehu. Vsa poglavja imajo enako osnovno zgradbo:

Naslov

V naslovu je slovensko in latinsko ime rastline. Na začetku vsakega poglavja je celostranska uvodna fotografija, da lahko vsak rastlino nedvoumno prepozna.

Moja zgodba

V prvem delu poglavja opisujem svojo zgodbo, ki se bere kot dnevnik ali kot spomini na doživljaje, povezane s posamezno rastlino. Pišem o tem, kdaj sem jo prvič srečala, kdo me je seznanil z njo, s katerimi osebami v mojem življenju je ta rastlina povezana

Spominjam se mnogih primerov uporabe zdravilnih rastlin iz svojega otroštva v povezavi z mojimi starši, starimi starši in prijatelji. Verjamem, da imate mnogi od vas podobne spomine in morda se vam bodo ob branju teh vrstic spet obudili.

Pišem o tem, kako se jaz družim z rastlinami. Opisujem jih na svoj način. Uporabljam jih kot zdravilo in kot hrano. Iz njih izdelujem svojo kozmetiko in jih uporabljam za okras na vrtu, v hiši ali v pisarni.

Z rastlinami se družim tudi duhovno; z njimi vzpostavim poseben kontakt, saj smo v naravi vsi povezani. Prisluhnem jim v tišini, se ob njih sproščam in meditiram. Enostavno uživam življenje v naravi in sem hvaležna za vse, kar imam. Verjemite, tudi rastline so lahko zveste prijateljice, na katere se lahko zanesemo.

O rastlini

V tem delu je kratek in enostaven opis posameznih delov rastline, časa cvetenja, razmnoževanja in nahajališča. Rastline, ki so v opisane tej knjigi, se nahajajo na celinskem in mediteranskem področju. Navedena je botanična družina, v katero rastlina spada.

Naštete so tipične učinkovine, ki jih rastlina vsebuje in so povezane z ugodnim delovanjem na naše zdravje.

Poleg latinskega imena za lažje prepoznavanje navajam še nekatere sinonime oziroma narečna slovenska in druga imena. Za hitrejše iskanje rastlin v tuji literaturi navajam tudi poimenovanja v drugih jezikih (angleško, nemško).

Zgodovina

Poseben poudarek je namenjen tudi zgodovini uporabe zdravilnih rastlin, saj vemo, da tradicija uporabe sega več tisočletij nazaj. Človek je rastline uporabljal za hrano in kot zdravilo že v kameni dobi. Večji zgodovinski pomen uporabe rastlin na našem območju izvira iz antičnih časov, pa vse do njihove uporabe v srednjeveških samostanih, kjer so menihi začeli pripravljati prve pripravke iz rastlinskih izvlečkov.

V tem delu najdemo tudi različne šege, anekdote in zanimive, včasih tudi nenavadne načine uporabe rastlin, ki so povezane z verovanji in bajeslovnimi bitji.

Zdravje

Uporabo zdravilnih rastlin obravnavamo tako v zeliščarstvu, ki izvira iz tisočletnih izkušenj tradicionalne uporabe, kot tudi v sodobni fitoterapiji, ki temelji na znanstvenih študijah. Znanstvenikom je danes pogosto v izziv potrditi ali ovreči neko zgodovinsko tradicionalno uporabo rastlin s sodobnimi znanstvenimi metodami. V posameznem poglavju navajam oba vidika uporabe zdravilnih rastlin. Delovanja opisujem preprosto, na način, ki je razumljiv laični javnosti.

Za vse tiste, ki želite več informacij, lahko v poglavju literatura najdete nekatere znanstvene članke, ki obravnavajo delovanja posameznih rastlinskih učinkovin na človeka.

Ob tem poudarjam, da nasveti za uporabo rastlin v tej knjigi predstavljajo dodatek za blaženje zdravstvenih težav in nikakor niso zamenjava za zdravljenje, ki vam ga je predpisal vaš zdravnik!

Pri uporabi nekaterih rastlin za otroke in nosečnice je potrebna dodatna previdnost. Pred uporabo se posebej prepričajte o varni uporabi. Prav tako ne uporabljajte teh rastlin, če ste nanje alergični.

Kulinarika in drugo

V tem sklopu predstavim rastline kot hrano in možno uporabo rastlin v druge namene.

Najpogosteje zdravilne rastline sicer res uporabljamo kot začimbe, drobno nasekljane ali zmlete in posute po hrani, vendar pa jih lahko uporabimo še na veliko drugih načinov.

Seveda nisem kulinarična strokovnjakinja, kuham le za svojo družino in včasih za prijatelje, tako kot najverjetneje večina od vas. Pa vendar, včasih lahko skuhamo kaj drugače, še bolj zdravo in uporabimo rastline, opisane v tej knjigi. Nasveti so enostavni, zanimivi in včasih nenavadni. Uporabni so za vsakega, ki se zna v svoji kuhinji vsaj malo obrniti.

Nekatere rastline lahko pripravimo klasično, kot prikuho, podobno kot znamo pripraviti špinačo ali pa naredimo kremno juho. Iz njih lahko pripravimo začimbno mešanico za marinado, namaz, pesto, jih uporabimo kot nadev, užitne cvetove pa celo uporabimo v sladicah ali kot okras na krožniku.

Tu so tudi nasveti za uporabo svežih in posušenih rastlin kot okras v stanovanju in na vrtu za odganjanje škodljivcev.

Pri vsaki rastlini sta dva moja recepta, pri nekaterih poglavjih tudi več.

Zelo mi je všeč, ko za družino ali prijatelje pripravim kakšno posebno jed ali pijačo, pri kateri kot sestavino ali le kot okras uporabim svoje rastline. Na tak način jim poskušam rastline in njihovo morda neobičajno uporabo bolje predstaviti in jih navdušiti, da bi jih tudi sami preizkusili v svoji kuhinji.

Najbolj pa uživam pri izdelavi naravne kozmetike, pri čemer uporabim svoje izvlečke rastlin. Rastline navadno nabereva in destilirava skupaj z možem. To je najin skupni ritual. Tako pridobljeno eterično olje in hidrolate potem uporabim v naravnih kremah, mazilih in serumih. Daril za prijatelje ne kupujem več – podarim jim svoje izdelke; naravne in narejene iz srca. Nekaj mojih receptov za naravno kozmetiko najdete v knjigi.

Fotografija in oblikovanje

Avtor fotografije in oblikovanja je **Jan Poreber**. Po izobrazbi je inženir medijske produkcije, ukvarja se s fotografijo, video in audio produkcijo ter grafičnim oblikovanjem.

Jan je vrstnik in prijatelj mojih starejših dveh sinov. V začetku mi je povedal, da ne je »ničesar zelenega«. Veliko rastlin, ki so v tej knjigi, prej ni poznal, kaj šele preizkusil. Potem pa je postopno, poglavje za poglavjem, spoznaval rastline in v objektiv lovil njihove portrete v naravi. Trudil se je za najboljše možne posnetke smilja ali morskega koprca na strmih morskih pečinah ali za posnetke drobnih, komaj vidnih delov rastlin, kot so žleze šentjanževke ali drobne iglice koprive.

Fotografiral je tudi vse moje izdelke iz poglavja Moji recepti. Izbral je postavitev, podlago, dekoracijo in nato ustvarjal prepričljive fotografije, ki vzpodbujajo, da recepte preizkusite. Na koncu pa je pogosto tudi preizkusil jedi, ki jih je fotografiral in postopno mu je tudi »zelena hrana« postajala všeč. Sodelovanje z Janom je bila zanimiva kombinacija izkušenj, znanja in idej dveh generacij.

Fotografije rastlin v knjigi so navdihujoče, vsaka v sebi nosi svojo subtilno zgodbo. Ko si rastline na teh fotografijah v miru in zbrano pogledamo od blizu, nas spomnijo, kako velika mojstrica je narava. Verjamem, da se bo marsikdo navdušil nad rastlinami že samo s tem, da bo knjigo prelistal in se ustavil ob fotografijah rastlin, jedi in drugih izdelkov po receptih iz knjige.

Čemaž

Allium ursinum

Moja zgodba

Kako lepo je narava po dolgi zimi poskrbela za prvo spomladansko čiščenje teles ljudi in živali. Čemaž pokuka na plano med prvimi spomladanskimi rastlinami. Iz podolgovate čebulice od februarja do marca zrastejo nežni zeleni suličasti listi, ki se jim kmalu pridružijo beli zvezdasti cvetovi, združeni skupaj, kot bi bili povezani v majhne šopke.

Ko hodimo po senčnih, vlažnih gozdovih, blago zadiši po česnu. Čemažu pravijo tudi divji česen. Potrebno je le slediti vonju in kmalu ga izsledimo v obliki velikih zaplat živo zelene barve, sredi suhega listja v gozdu. Zagledamo lepe zbujene vrtove ali zelene oaze v še zimsko zaspanem gozdu. Ko pa čemaž na teh divjih gredicah polno zacveti, je videti kot zelena preproga z belimi zvezdami.

Čemaž uporabljam šele zadnja leta. Niti moji starši in stari starši niti sovaščani na Dolenjskem, kjer sem odraščala, ga niso nikoli nabirali za hrano. Nekega dne mi je manjši šopek dala prijateljičina mama, ki sem jo srečala, ko se je vračala iz gozda: »Izvoli, to je čemaž! Poizkusi iz njega narediti juho!« Ko sem pomečkala list med prsti, sem se spomnila, da mi je ta vonj pravzaprav znan, da sem ga že večkrat zaznavala v gozdu, vendar nisem vedela, od kod prihaja. Enostavno sem samo hodila mimo. Kako mi je žal, da sem toliko let mirno spregledala tako bogastvo narave, ki se mi je vsako leto znova ponujalo čisto na dosegu roke. Toliko dobrega bi že lahko naredila za svoje zdravje, ta rastlina bi mi vsako pomlad pomagala prečistiti telo. Čemaž je prečudovito darilo narave.

Od tistega podarjenega šopka čemaža, iz katerega je nastala okusna zelena juha, ga tudi jaz vsako leto nabiram. Vsako pomlad hodim na isto mesto v bližnji gozd ob potoku, v pričakovanju ali je že pokukal iz zemlje. Ko zagledam prve nežne svetlozelene svetleče lističe, ki se prebijejo skozi zgornjo plast zemlje in suhega listja, me zajame veliko veselje. To je znak, da je pomlad zares tukaj. Ti sprehodi so mi najlepši. Pomirjujoče šumenje gozdnega potoka, igrivi topli sončni žarki, ki se prebijejo skozi visoka drevesa z golimi vejami do svetlo zelenih lističev čemaža in ga vzpodbujajo k rasti iz tople zemlje, nežen, nevsiljiv vonj po česnu in popoln mir. Ni boljše tehnike sproščanja po napornem dnevu, kot je kopanje v vseh teh čutih. Kakšen listič pomanem med prsti in povonjam, včasih ga nato kar takoj tudi pojem.

Naberem majhen šopek prvih lističev in jih doma zamešam v skuto. Naredim namaz, tisti prvi spomladanski. Naslednjič že naberem večji šopek; ta je za juho. Najrajši pa ga nabiram kasneje, ko popolnoma preraste velike gozdne površine in ostaja v

sredini le shojena potka. Takrat, ko se bohoti vsenaokrog in komaj dovoli ostalim spomladanskim rastlinam sobivati z njim, si ga privoščim več in ga naberem še za pesto. Posamično nabiram večje liste. Če pa želim manjše, nežnejše liste, odmaknem večje in spodaj v zavetju naprej odganjajo novi mladi listki. Nabiram tudi cvetove – najprej tiste še v koničastih popkih, ko se drobni cvetovi še skrivajo v zeleni srajčki in kasneje še tiste že polno razcvetele. Poleg listov so seveda prav tako užitni tudi cvetovi in čebulice. Čudovit pa je tudi šopek iz čemaževih cvetov, obkrožen in zavit z nekaj zelenimi listi.

Ko ga zmanjka v dolini, ker listi že porumenijo in ovenijo, se podam v višje ležeče gozdove na Gorjance, tam raste še nekaj tednov dlje kot v dolini.

Prav radi pa ga imajo menda tudi medvedi, kar pove že eno od njegovih imen – medvedji česen. Ko se prebudijo iz zimskega spanja, poiščejo med drugim tudi čemaž, da se najedo in si tako po dolgem zimskem spanju nagonsko očistijo organizem.

Nekega dne sem na velikem nahajališču čemaža naletela na popolnoma pobran predel, velik približno pet kvadratnih metrov. Kot da bi nekdo na nenavaden način najprej potlačil, potem pa požel ves čemaž. Pomislila sem, da ga je nekdo očitno res potreboval veliko in se mu ga ni dalo enakomerno nabirati po širšem predelu. Pri nabiranju namreč pazimo, da rastlin ne poškodujemo in da jih ostane dovolj, da se lepo obrastejo za naslednja leta. Čez nekaj dni pa smo izvedeli, da se je v tistih dneh v bližini zadrževal medved in je celo sredi belega dneva prečkal naše naselje, kar je zelo nenavadno. Takoj mi je bilo jasno, kdo je v bližnjem gozdu tako na čisto požel čemaž. Res sem bila vesela, da ga nisva nabirala istočasno. Od takrat naprej grem na tisto mesto zelo previdno, da ne bi slučajno presenetila medvedjega nabiralca.

O rastlini

Čemaž je samonikla trajnica, ki spada v družino lukovk *(Alliaceae)*, tako kot česen, čebula ali drobnjak. Raste od konca februarja do junija v vlažnih humusnih listnatih gozdovih, še posebej pa mu prija vlažno rastišče v bližini gozdnih potokov. Ima podolgovato, krhko, dva do štiri centimetre veliko belkasto čebulico s tankimi prosojnimi luskami, iz katere zgodaj spomladi poženejo dva ali trije svetlozeleni široki suličasti listi, veliki dvajset do štirideset centimetrov. Njihov vonj pa spominja na česen ali drobnjak.

Po tem, ko so listi že zrasli, pa iz čebulice požene gladko steblo, ki je nekoliko višje od listov. Na koncu stebla se iz zašiljenega popka razvije več drobni belih cvetov zvezdaste oblike, s šestimi zašiljenimi venčnimi listi. Čemaž cveti od aprila do maja. Iz cvetov se razvijejo plodovi s črnimi semeni, s katerimi se prvenstveno razmnožuje, v tem času pa listi postajajo vse bolj rumeni.

Ko se lotite nabiranja čemaža, morate biti zares prepričani, da gre za pravo rastlino. Mnogi se ga izogibajo, saj se bojijo, da bi ga zamenjali s strupeno šmarnico ali podleskom. Vendar pa, če čemaža ne nabirate le zato, ker se bojite, da bi ga zamešali s kakšno drugo rastlino, veliko izgubljate. Raje se potrudite, da ga dobro spoznate, vredno je. Cvetovi šmarnice so precej drugačne oblike od čemaževih. Listi so sicer podobne oblike, vendar pa šmarnica nima vonja po česnu. Listi podleska so precej bolj togi in rastejo navpično. Tudi podlesek nima vonja po česnu. Odtrgajte in pomečkajte list med prsti ter ga povonjajte. Ali ima vonj po česnu? Če ga ima, potem je to čemaž. Če pa ga nabirate takrat, ko že cveti, pa ne morete zgrešiti belih zvezdastih cvetov, združenih v kroglično obliko, kot pri novoletnih okraskih. Nabirajte ga vedno na istem mestu in zanašajte se na izraziti vonj po česnu. Če je potrebno, za pomoč pri prepoznavanju čemaža zaprosite strokovnjaka.

Čemaž vsebuje podobne snovi kot česen; to so molekule z žveplom, ki največ prispevajo k zdravilnemu delovanju rastline in ji dajejo tipičen vonj in okus. Najbolj značilna molekula z žveplom je aliin. Ko se rastlina kakorkoli poškoduje, ko jo odtrgamo in narežemo, pride aliin v stik s posebnim encimom, ki ga vsebuje rastlina. Tako nastane alicin, ki je hlapen in je odgovoren za značilen vonj sveže nabranega čemaža. Obenem je tudi nestabilen in razpade naprej v nove molekule, zato kuhani čemaž nima več tako močnega vonja in okusa. Poleg tega pa čemaž vsebuje še flavonoide, polisaharide, aminokisline, vitamine in minerale, kot so magnezij, kalij, kalcij, železo, selen, vitamin C....

Razširjen je v Evropi, od Mediterana do Skandinavije, pa tudi v Mali Aziji in Sibiriji. Latinsko ime *Allium ursinum* pomeni česen *(allium)* in medved *(ursus)*. Druga slovenska imena za čemaž so še divji česen in medvedji česen. Tuja imena pa so: *Wild garlic* (angl.), *Bear's garlic* (angl.), *Ramsons* (angl.) in *Bärlauch* (nem.). Precej imen se nanaša na medveda, saj ga medvedi radi uživajo, še posebej, ko pridejo spomladi iz brlogov.

Zgodovina

Zogleneli ostanki čemaža na arheoloških najdiščih prazgodovinskih naseljih v vznožju Alp kažejo na to, da so čemaž kot hrano najverjetneje uporabljali že v kameni dobi. Uporabljali so ga tudi Kelti in stari Rimljani ter Grki, ki so ga poleg uporabe za hranjenje uporabljali tudi za pospešitev odstranjevanja strupov iz telesa.

V srednjem veku so ga omenjali kot zdravilno rastlino, nekateri so ga cenili celo bolj kot od običajnega česna. V času med obema svetovnima vojnama so si ljudje po Evropi pomagali proti lakoti tudi tako, da so jedli čemaž, saj je bila to užitna zelena rastlina, ki je bila po dolgih zimah na razpolago med prvimi rastlinami.

Zdravje

Kljub temu, da se čemaž v tradicionalni medicini uporablja že stoletja, se znanstvene študije o njegovi uporabnosti pojavljajo šele zadnja leta. Le-teh v primerjavi z drugimi tradicionalnimi zdravilnimi rastlinami ni prav veliko. Uporaba čemaža je razširjena za zelo podobne zdravstvene težave, kot se uporablja česen. Imata namreč precej podobno sestavo učinkovin.

Ugodno deluje pri preprečevanju kardiovaskularnih bolezni, zlasti za zniževanje visokega krvnega pritiska, proti povečanemu strjevanju krvi in za preprečevanje ateroskleroze ter tako zmanjšuje tveganja možganske kapi. Zaradi vsebnosti fenolnih spojin in nekaterih encimov ima izraženo antioksidativno delovanje. Vsebuje veliko magnezija, zato je priporočljiv tudi za blaženje stresa.

Čemaž ima dokazano antibakterijsko, protigljivično, antiparazitno delovanje, ki ga pripisujejo v glavnem spojinam z žveplom. Njegove antibakterijske učinke lahko izkoriščamo pri prehladu in vnetem grlu. Blaži simptome dispepsije in pospešuje prebavo. V tradicionalni medicini se uporablja za spomladansko razstrupljanje organizma in krepitev imunskega sistema, saj pospešuje procese izločanja odpadnih produktov iz telesa.

V zdravilne namene je najbolje uživati svežo rastlino, saj toplotno obdelana ali posušena rastlina izgublja zdravilne učinke. Če torej želimo kar najbolje izkoristiti zdravilne učinke čemaža, ga navadno uživamo kot surovo hrano.

Kulinarika in drugo

Užitna je cela rastlina čemaža. Najbolj uporabni so listi, lahko pa uporabimo tudi cvetne popke in razcvetele cvetove in čebulice. Liste je najbolje nabirati mlade, pred cvetenjem, saj kasneje niso tako okusni, dobijo namreč nekoliko grenkast priokus, listi pa postanejo vlaknasti. Liste nabiramo posamično, ne v šopih, jih odlomimo, še bolje pa, če uporabimo nož ali škarje, da čimmanj poškodujemo rastline. Če ga nabiramo z roko, se namreč pri tem rada izpuli še čebulica. Če se to zgodi, je ne zavržemo, ampak uporabimo, ali pa jo presadimo doma v senčnem delu zeliščnega vrta in bomo imeli čemaž dobesedno pri roki.

Najbolje je uporabiti svežo rastlino, vendar v majhnih količinah, saj žveplove spojine dražijo želodec. Sveže mlade liste čemaža drobno narežemo in posujemo po solati, kakšen list dodamo v sendvič namesto solatnega lista, ali naredimo namaz tako, da ga vmešamo v skuto ali maslo, poizkusite temu dodati še malo čilija in dobite pravo specialiteto. Iz svežih listov lahko pripravimo pesto na enak način kot iz bazilike.

Če želimo uporabiti čemaž v večjih količinah, ga navadno toplotno obdelamo, pri čemer izgubi svoj oster vonj in okus, saj se pri segrevanju spreminja razmerje žveplovih spojin. Čemaževa juha je ena od najpogostejših jedi iz čemaža, zelo zdrava in poživljajoča je po dolgi zimi.

Preizkusite se lahko tudi v izdelavi kruha s čemažem, ki ga naredite tako, da suhi zmesi za kruh previdno dodate narezane lističe svežega čemaža, ki jih predhodno povaljate v moki, da se enakomerno vmesijo v testo.

Čemaževe liste lahko pripravimo na enak način kot špinačo ali blitvo za prilogo. Na hitro jo pokuhamo v slani vodi, nato pa zabelimo z oljčnim oljem. Lahko pripravimo polivko za testenine, rižoto, ali ga damo v nadev za raviole ali lazanjo, odlično se poda v omlete, tudi čemaževi njoki so nekaj prav posebnega.
Čemaževi cvetovi so zdravi, če jih posujemo po solatah ali drugi hrani, pa tudi čudovit okras. Tudi čebulice so užitne, lahko jih dodamo listom, ko kuhamo juho. Če želimo pripraviti zares posebno specialiteto, pa lahko čebulice ali cvetne popke čemaža

vložimo v kis, podobno kot kapre. Seveda moramo biti pri nabiranju čebulic zelo zmerni, naberemo jih malo, da ne bi ogrozili rastišča za naslednje leto. Želimo si namreč, da bi v divjih vrtovih čemaža še dolgo uživali mi in generacije za nami.

Čemaž lahko tudi zamrznemo, tako, da ga predhodno balanširamo. Če poizkušamo zamrzniti svež čemaž, pa pazimo, da bo vrečka v zamrzovalniku zares dobro zaprta. Tako preprečimo, da bi se izrazit vonj po česnu razširil po celem zamrzovalniku. Tega si res ne bi želeli. Čemaž redko sušimo, saj pri tem izgubi veliko vonja in okusa.

Čemaž uživajmo takrat, ko raste – spomladi, sezonsko, takrat je najboljši.

Čemaževa juha

3 krompirji
1,2 l zelenjavne jušne osnove
300 g čemaža ali en večji šopek
5 strokov česna
3 žlice oljčnega olja
smetana za kuhanje
sol, poper

Na oljčnem olju na hitro popražimo nasekljan česen, toliko, da zadiši. Česen dodamo juhi zato, da bosta vonj in okus bolj izrazita, saj ju sicer čemaž med kuhanjem nekoliko izgubi. Lahko pa česen tudi izpustimo. Dodamo olupljen in na koščke narezan krompir ter še malo popražimo. Nato dodamo zelenjavno jušno osnovo in kuhamo toliko časa, da je krompir skoraj skuhan.

Približno pet minut pred koncem kuhanja dodamo opran čemaž. Kuhamo v pokriti posodi, vmes večkrat premešamo. Nato s paličnim mešalnikom zmešamo, da nastane gladka kremna juha. Dodamo smetano, sol in poper po okusu ter še malo premešamo.

Ko postrežemo v krožniku, pokapamo s smetano in z žlico potegnemo po juhi, da na zeleni juhi nastanejo bele smetanove sledi. Dekoriramo lahko še z belimi cvetovi ali listi čemaža. Postrežemo lahko z opečenim kruhom. Zaužijemo kot hrano ali zdravilo.

Čemažev pesto

približno 200 g čemaža
70 g mandljev ali orehov
140 g parmezana
4 dcl oljčnega olja
sol, poper

Čemaževe liste operemo in jih zelo dobro osušimo ter jih narežemo na trakove. V kuhinjski mešalnik damo mandlje ali orehe in nekaj olivnega olja ter mešamo, nato dodamo še na drobno nariban parmezan in ponovno premešamo. Če želimo vegansko različico pesta, parmezan izpustimo. Namesto tega lahko povečamo količino oreškov.

Ko nastane gladka masa, dodamo narezan čemaž in ob mešanju počasi dolivamo olivno olje. Po okusu dodamo še sol in poper. Mešamo toliko časa, da nastane gladka homogena masa, ki mora biti kar precej tekoča. Če želimo, lahko dodamo še malo več olja in sicer toliko, da zapolni ves prostor med sestavinami. Tako poskrbimo, da v kozarčku, kamor pesto nadevamo, ni zračnih mehurčkov. S tem preprečimo, da bi prišlo do oksidacije in bi se pesto pokvaril.

Kozarčke in pokrovčke dobro operemo, osušimo in obrišemo z etanolom, da jih dezinficiramo. Napolnimo jih s pestom, po vrhu nalijemo še malo oljčnega olja tako, da olje prekrije vso površino pesta in preprečuje dostop zraka. Pesto hranimo v temnem in hladnem prostoru. Jaz jih včasih postavim celo v zamrzovalnik in jih postopno jemljem ven, dokler ne porabimo celega kozarčka.

Čemažev pesto je precej izrazitejšega okusa kot pesto iz bazilike, zato ga uporabimo nekoliko manj. Nekaj žlič pesta lahko dodamo v omleto, rižoto ali v skuto in naredimo namaz. Dodamo ga omakam za testenine, pokapljamo po siru ali pa samega namažemo na kruh. Tako imamo celo leto spomine na pomlad.

Regačica

Aegopodium podagraria

Moja zgodba

Ta nevpadljiva, a vztrajna rastlina, ki poganja v vsakem prostem kotičku vrta, je bila tudi zame, tako kot za večino ljudi, dolgo samo nadležen trdovraten plevel. Vsakokrat, ko sem se namenila urediti vrt in populiti plevel med zelenjavo, sem naletela nanjo. Vedno sem poizkušala izpuliti celo rastlino s koreniko vred. Ni šlo. Že čisto majhen koščitek, ki ostane v zemlji, namreč zadostuje, da iz nje zraste nova rastlina. Zraste ponovno, spet in spet. Ko jo odtrgam, sicer lepo zadiši, za trenutek se mi zazdi, da je to pravzaprav prijazna rastlina. Spominja me na vonj korenja, kumine in peteršilja hkrati. Vendar, zakaj raste tukaj? Jaz želim imeti vrt brez plevela, tako kot vsak dober vrtnar.

Ko sva se nekega dne s sestrično Tatjano sprehodili do mojega vrta in opazovali, kako raste zelenjava, sem z nogo dregnila v plevel. Vem, da bi ga morala populiti, že zdavnaj, pa nikakor ni časa. To mi na vrtu res ni v ponos. »Tole je regačica, je užitna«, mi je med pogovorom omenila sestrična, ko je opazila, da gledam plevel. »Jaz to dam v zeleni smoothie. Je zelo zdrava, mnogo bolj kot ta solata, ki jo imaš na gredici«, je rekla sestrična. Moram priznati, da se mi je takrat to zdelo malo čudno. Pomislila sem, zakaj bi to jedla, ko pa imam toliko druge zelenjave? Pa vendar sem to informacijo spravila nekam zadaj v svoj spomin. Kot da bi slutila, da bo to pomenilo zametek nečesa večjega – mojega poglobljenega prijateljevanja z rastlinami, ki ga do takrat še ni bilo.

Čez nekaj mesecev sem na regačico naletela v knjigi o užitnih divjih rastlinah. Presenečeno sem odkrivala, na koliko različnih načinov jo lahko uporabimo. Po vsebnosti hranilnih snovi in po okusu očitno sodi ob bok vsaki zeleni gojeni zelenjavi, pa še kakšno stopničko višje. Najprej sem jo poskusila sama, nato pa sem jo ponudila še svoji družini, vsem je bila všeč. Po okusu spominja na korenje, po videzu pa na špinačo. Raste samoniklo, ne potrebuje nobenega dodatnega gnojenja in škropljenja, pa še zastonj je. V nasprotju z njo pa korenje in špinačo redno uporabljamo; gojimo ju v vrtovih in kupujemo v supermarketih.

Zgodaj spomladi je regačica med prvimi svežimi zelenimi rastlinami, ki so nam na voljo. Kaj ji torej manjka? Ali je res preenostavno priti do nje in je zato ne cenimo? Ali je ne poznamo, ker nimamo tradicije, ki bi zajemala njeno uporabo? Morda zato, ker nam o njej naši predniki niso govorili in ker je nismo jedli v mladosti? Ali pa zato, ker je vsepovsod v trgovinah na voljo mnogo druge, lepše in bolj vpadljive zelenjave, ki pa je po vsebnosti hranilnih snovi precej bolj skromna. Zrasla je v umetno vzdrževanih idealnih pogojih in ni se ji bilo potrebno boriti za obstanek. Gojene rastline so razvajene. Regačica pa raste samoniklo v divjih razmerah. V primerjavi s prefinjeno nežno zelenjavo idealnih oblik iz supermarketa je regačica prava trdna kmečka punca.

Odločimo se torej ali se bomo z njo v svojem vrtu borili in jo poizkušali izkoreniniti, ji morda celo napovedali vojno, ali pa začnimo živeti v sožitju z njo. Če regačice ne moremo premagati, jo jejmo! Dajmo ji priložnost, naj se nam izkaže kot okusna zelenjava. Če ima tako moč, da se tako zelo bori proti izkoreninjenju in želi za vsako ceno preživeti, ima verjetno tudi veliko moč, ki jo lahko daruje našemu telesu.

Mene je prepričala, jaz jo rada uporabljam. Pogosto jo nabiram v bližnjem gozdu, najraje zgodaj spomladi, skupaj s čemažem, ko na vrtu še nimamo zelene solate. Imam dve košari; v eno gredo listi čemaža, v drugo pa listi regačice. Čeprav potem doma pogosto romata skupaj v isto jed; v solato, prikuho ali v juho.

Poleg regačice uporabljam tudi drugo divjo zelenjavo, najraje še regrat, čemaž, koprivo in morski koprc. Vse te rastline so predstavljene tudi v tej knjigi.

Regačica je trajnica, ki spada v družino kobulnic *(Apiaceae)*, kamor spadata tudi korenje in peteršilj. Raste v senčnih predelih. V zemlji ima razvejano koreniko, iz katere spomladi najprej zrastejo listi, ki imajo značilno razvejano pernato obliko, sestavljeno iz več posameznih ovalnih zašiljenih listov. Ravno zaradi značilne oblike in razporeditve listov regačici ponekod pravijo tudi kozja noga.

V maju ali juniju požene visoko pokončno steblo, visoko tudi do enega metra, ki je na koncu razvejano. Na njem se razvijejo kobuljasta socvetja bele barve. Oblika listov in cvetov nekoliko spominja na bezeg. Semena so rjava in ovalne oblike. Vonj zelo spominja na korenje.

Rastlina se lahko razvije že iz majhnega koščka korenike. Če jo pokosimo ali potrgamo cvetove, s tem vzpodbudimo rast novih, mladih listov. Ponekod jo uvrščajo med invazivne rastline, saj se zares hitro širi in jo je težko izkoreniniti.

Regačica je izredno bogata z vitamini, zlasti z vitaminom C in A ter minerali (železo, kalcij, magnezij, natrij in mangan). Eterično olje regačice vsebuje limonen, pinen, tujon in etilacetat. Rastlina vsebuje tudi saponine, ki imajo diuretično in ekspektorantno delovanje ter falcarinol, ki ima antimikrobno delovanje. Vsebuje tudi flavonoide, ki imajo antioksidativni učinek ter precej čreslovin in grenčin.

Razširjena je po Evropi, Aziji in Severni Ameriki.

Regačica je v latinščini *Aegopodium podagraria*, tuja imena so: *Ground elder* (angl.), *Bishop's weed* (angl.) in *Giersch* (nem.).

Zgodovina

Regačico so kot zelenjavo uporabljali že stari Rimljani. Bila je pomemben vir hrane njihovim vojakom, ko so po Evropi osvajali nova ozemlja in na njih gradili ceste in objekte. Rimski vojaki so odšli, regačica pa je ostajala za njimi in se zaradi svoje trdovratnosti veselo razmnožuje naprej še danes.

Razširjena je bila v samostanskih vrtovih, kjer so jo uporabljali kot hrano in zdravilo. Od tod tudi angleško ime Bishop's goutweed, kar v prevodu pomeni menihova trava proti putiki. Nekoč so namreč menihi z njo zdravili protin oziroma putiko (angl. gout). Tudi njeno latinsko ime *Aegopodium podagraria* izhaja iz njene razširjene uporabe za zdravljenje putike, saj se beseda podagraria nanaša na putiko.

Zaradi prijetnega vonja eteričnega olja v listih, so regačico v srednjem veku uporabljali za zavijanje hrane in jo tako dalj časa ohranjali svežo. Recepti za njeno uporabo se nahajajo v številnih starih samostanskih knjigah, med drugim tudi v knjigi znane srednjeveške zdravilke Hildegard von Bingen, z naslovom Physica.

Zdravje

Regačica se v tradicionalni medicini uporablja proti revmatoidnemu artritisu in protinu, saj pospešuje izločanje sečne kisline. Lahko jo uživamo v obliki čaja ali pa pripravimo obkladke tako, kot so nekoč delali menihi v samostanih. Skuhamo korenike in liste ter še tople polagamo na obolele sklepe.

Ker odvaja vodo, se uporablja pri ledvičnih kamnih in težavah z mehurjem. Prav tako blagodejno deluje na prebavni sistem. Starejši listi imajo odvajalni učinek.

Raziskav na temo zdravilnih učinkov regačice je relativno malo, zaenkrat uporabnost bolj temelji na izkušnjah tradicionalne uporabe.

Kulinarika in drugo

Najboljši so prvi mladi spomladanski listi, nežni, svetleči in svetlozeleni. Taki, ki še niso popolnoma razprti. Lahko jih jemo surove, tako, da jih dodamo solati ali naredimo pesto na enak način kot delamo pesto iz bazilike. Regačica je lahko tudi zelo učinkovito sredstvo za spomladansko čiščenje organizma, zelo lepo se obnese tudi v zelenih zmešančkih (angl. *smoothie*).

Liste lahko skuhamo in pripravimo na podoben način kot špinačo ali blitvo s česnom in olivnim oljem. Lahko jo vmešamo v jajca in pripravimo okusno omleto. Starejše, že temno zelene liste, praviloma pred uporabo skuhamo, saj so bolj vlaknati in imajo precej bolj izrazit okus. Lahko pripravimo kremno juho ali prilogo.

Liste običajno uživamo do cvetenja, to je do junija, potem ne več, saj imajo potem odvajalni učinek (razen, če ta učinek želimo). Če pa regačico pokosimo, tudi kasneje poženejo mladi listi, ki jih lahko uporabljamo preko leta.

Liste in cvetove lahko hranimo tudi posušene kot začimba in jih uporabljamo podobno kot peteršilj, zeleno ali luštrek. Regačico lahko tudi zamrznemo.

Rižota iz regačice

250 g riža za rižote
250 g regačice
0,5 l zelenjavne jušne osnove
1 čebula
1 korenje
1 strok česna
1 žlica olivnega olja
1 dcl belega vina
sol
poper
50 g masla

Liste regačice balanširamo v vreli vodi približno eno minuto, nato jih odcedimo in drobno sesekljamo. Nekaj vode prihranimo in jo kasneje med kuhanjem uporabimo za zalivanje riža.

Na olivnem olju prepražimo na drobno sesekljano čebulo, dodamo narezano korenje in česen ter prepražimo. Nato dodamo riž, ki smo ga predhodno splaknili z vodo in mešamo, dokler riž ne postekleni. Dolijemo vino, premešamo in počakamo, da se vpije v riž. Nato počasi prilivamo vročo tekočino (jušno osnovo in/ali vodo od kuhanja regačice) in mešamo. Po dvajsetih minutah kuhanja rižu dodamo narezano regačico, sol in poper ter premešamo. Kuhamo še približno pet minut. Proti koncu kuhanja dodamo še maslo.

Če želimo jed dodatno obogatiti, lahko na koncu rižoto posujemo s parmezanom ali na vrh položimo ocvrte rezine slanine, česna ali rezine prekajenega lososa.

Zeleni zmešanček iz regačice

Običajno so glavne sestavine zelenih smoothijev zelene rastline kot so: blitva, ohrovt, špinača, rukola in druge. Pogosto dodamo še malo banane, saj se okus zelenja s tem izboljša. Dodamo tudi drugo sveže ali zamrznjeno sadje (jabolka, pomaranče, ribez, maline, borovnice ali kaj drugega).

Tokrat bo zelena komponenta regačica, ki po vsebnosti mineralov in vitaminov daleč prekaša gojeno zeleno zelenjavo. Dodali bomo tudi sadje, ki ni obarvano. Če dodamo borovnice ali maline, barva smoothija sicer ne bo več tako izrazito zelena, okus bo pa vseeno zelo dober.

Zeleni zmešanček je odlično sredstvo za pomladansko razstrupljanje!

mladi listki regačice (približno dve pesti)
120 ml vode
½ banane
½ jabolka
½ pomaranče
nekaj kapljic limoninega soka
led

V mešalniku najprej dobro zmešamo regačico in vodo. Potem dodamo še ostale sestavine - na koščke narezano banano, jabolko in pomarančo. Pred mešanjem dodamo še ledene kocke. Namesto kock lahko uporabimo zamrznjeno banano. Zgoraj navedeno razmerje lahko tudi prilagodimo svojemu okusu.

Preden postrežemo, še lepo okrasimo - list mlade regačice ne sme manjkati.

To je lahko tudi priložnost, da se z regačico spoznajo tudi naši prijatelji. Presenetimo jih.

Regrat

Taraxacum officinale

Moja zgodba

Ko pomislimo na regrat, najverjetneje takoj pomislimo na pomlad. Na tiste prijetne, tople dneve po dolgi zimi, ko nas sonce zvabi iz domov na travnike. Vidimo zelene nazobčane regratove liste in živo rumene cvetove, v ustih pa občutimo rahlo grenak okus regratove solate. Je tako? Ali pa so morda zraven še spomini na otroške igre s cvetovi in regratovimi lučkami?

Ob hiši, kjer smo živeli, ko sem bila še otrok, smo imeli majhen travnik. Na njem je bilo zares veliko regrata in skozi celo leto sem ga lahko opazovala, kako raste. Tako smo imeli bogat vir prve spomladanske solate. Regrat smo nabirali zgodaj spomladi, v obdobju, ko je odgnal mlade lističe in ko še ni cvetel, saj je takrat najboljši.

Na tem travniku sem se vedno rada igrala s sestro Renato. Ko je regrat cvetel in je travnik kar porumenel od obilice cvetov, sva le-te tudi nabirali. Iz njih sva trgali posamezne rumene lističe, ki sva jih nato uporabili na različne načine, ko sva se igrali v najini otroški »kuhinji«.

Včasih se nama je ob nedeljskih popoldnevih pri igri pridružila tudi mami Marinka. Sedele smo na travi, med rumenimi regrati in se imele prelepo. Pokazala nama je, kako lahko iz votlih regratovih stebelc narediva verižico in si jo nadeneva okrog vratu. Tudi ona se je kot majhna punčka tako igrala. Igre jo je naučila njena mama, gre pa takole: Najprej odtrgamo steblo regrata in odstranimo cvet, tako, da dobimo steblo želene dolžine. Potem steblo previdno upognemo in tanjši konec vtaknemo v širši konec votlega stebla na drugi strani. Izgleda tako, kot da bi kača požrla svoj lastni rep. Potem na enak način pripravimo drugo steblo – zajamemo prvi člen verižice in enako spnemo v krog še drugi člen. Nadaljujemo toliko časa, da dobimo želeno dolžino verižice.

S sestro sva izdelali vsaka svojo verižico in si ju nadeli okrog vratu. Ponosno sva hodili naokrog še celo nedeljsko popoldne, saj sva se počutili kot princesi. Včasih sva na enak način naredili verižici s krajšimi stebli in z manjšimi členi ter na koncu vanju pritrdili še cvetoče cvetove regrata. Razporedili sva jih na enakomerne razdalje in si verižici nadeli na glavo, da sta izgledalo kot zlati kroni. Včasih pa sva zgornji del regratovega stebla previdno vzdolžno razpolovili z nohtom ali nožem tako, da sta se polovički regratovega stebla začeli zvijati navzven, vsaka na svojo stran in oblikovali enakomerni spirali. Tako so nastale zanimive regratove skulpture, ki so spominjale na antične jonske stebre.

Ko so se cvetovi regrata že preoblikovali v semena in so nastale regratove lučke, sva se z Renato lovili in druga v drugo pihali regratova semena. Nežna bela padalca so prijetno požgečkala po obrazu in včasih zašla tudi v usta. Kdaj pa sva samo v miru sedeli in previdno odtrgali lepo regratovo lučko. Vsaka si je nekaj močno zaželela, nato pa sva vanjo pihnili s polnimi pljuči. Namreč, če zares odpihnemo vse, tako, da ostane samo gola glavica, se nam želja izpolni. Zaradi belega mlečka, ki izteka iz odtrganih stebelc regrata, so bili po takih igrah najini prsti vedno rjavi in lepljivi. Ampak to naju ni nikoli motilo.

Vse to so lahko prijetne igre za starše in otroke. Ne pozabimo nanje, ko se skupaj odpravimo v naravo. Mogoče lahko takšne igre vsaj delno nadomestijo sodobne igrače in računalniške igrice. To so namreč igre, ki zahtevajo vašo polno prisotnost, tako lahko vzpostavimo prijeten pristen stik s svojim otrokom. Morda pa ob tem ponovno obudimo tudi otroka v sebi.

O rastlini

Regrat raste samoniklo. Najbolje uspeva po travnikih, ob robovih gozdov in ob poteh. Pogosto kar sam zaide tudi v naše vrtove. Spada v družino radičevk *(Cichoriaceae)*.

Prepoznamo ga po izrazito nazobčanih listih, z jasno listno žilo v sredini. Listi pritlikavo rastejo iz močne korenine. Ta je dolga tudi do dvajset centimetrov. Ob prerezu je bela, iz nje pa izteka grenak bel mleček, zaradi česar regrat ponekod imenujejo tudi mlečec. Iz korenine kasneje med listi požene eno ali več votlih pokončnih in nekoliko dlakavih stebel, visokih okrog deset do dvajset centimetrov. Na vrhu stebla najprej nastane zelen cvetni košek, iz katerega se razpre čudovit rumen cvet, ki je v bistvu socvetje, saj je sestavljeno iz množice jezičastih rumenih cvetkov.

Regratovi cvetovi od marca do maja dobesedno preplavijo travnike in jih obarvajo v rumeno. Posamezne cvetove lahko opazimo tudi kasneje, vse do jeseni. Cvet se zjutraj odpre, zvečer, ko ni več sonca, pa se zapre. Cvet se zapre tudi podnevi pred dežjem. Tako se zaščiti pred izpiranjem cvetnega prahu, ki ga potrebuje za opraševanje. Regratovo cvetje je namreč ena prvih paš za čebele.

Kako rastlina ve, da bo deževalo in zato skrije svoj cvet? Rastline imajo vgrajene posebne naravne sisteme za zaznavanje jakosti svetlobe in zračne vlage, na podlagi katerih se sprožijo notranji osmotski mehanizmi. Ti vplivajo na spreminjanje volumna celic v cvetnih listih in posledično zapiranje ali odpiranje cvetov.

Po nekaj dnevih se cvetenje zaključi. Cvet se zapre in nastane zelen košek, ki izgleda podobno kot na začetku cvetenja. V tem košku iz posameznih cvetov v socvetju dozorijo semena. Po nekaj dneh se košek ponovno odpre in nastane čudovita okrogla regratova lučka, v kateri so posamezna semena pritrjena na puhasta padalca. Na tak način se semena z lahkoto prenašajo z vetrom naokrog. Veter jih nosi tudi po več kilometrov stran od zavetja starševske rastline. Tam, kjer padejo na tla, se rodi nova rastlina in na tem mestu živi tudi do deset let in več.

Regrat je zelo nezahtevna rastlina, zato je zelo razširjen. Nekateri ga imajo celo za plevel. Najbolj je razširjen po Evropi, Ameriki in nekaterih delih Azije.

Vsebuje grenčine, seskviterpenske laktone, flavonoida apigenin in kvercetin, kumarine, fenolne kisline, sterole, v koreninah vsebuje tudi polisaharih inulin, v cvetu pa karotenoidni barvili lutein in zeaksantin. Vsebuje veliko kalija, cinka, železa ter vitamine A, C in B.

Zanimiva slovenska imena za regrat so še žoltenica, mlečec, smolika, farška plata in jajčar.

Angleški naziv za regrat je *dandelion,* ki je izposojenka iz francoskega imena za levji zob (fr. *dent de lion*), saj listi regrata res spominjajo na velike levje zobe. Tudi nemško ime je podobno, glasi se *Löwenzahn*.

Zgodovina

Regratove liste in korenine so za hrano najverjetneje uporabljali že v prazgodovini. Ker ni občutljiv na mraz, se je pojavil med prvimi rastlinami po ledenih dobah in tako predstavljal prvo zeleno hrano. Tako kot mnogo drugih zdravilnih rastlin, je bila njegova uporaba razširjena tudi v antičnih časih. Stari Egipčani, Grki in Rimljani so regrat uporabljali kot hrano in zdravilo. Iz njega so izdelovali tonik za jačanje organizma, uporabljali pa so ga tudi kot diuretik, proti želodčnim težavam, visoki telesni temperaturi, pa tudi proti nekaterim kožnim težavam. Korenine so uporabljali predvsem za pomoč pri jetrnih in črevesnih težavah, liste pa največkrat za odvajanje vode iz telesa. Rumene cvetove regrata so nekoč uporabljali tudi kot barvilo.

Prvi zapis uporabe regrata sega v 10. stoletje. Najdemo ga v delih arabskih zdravnikov, ki regrat opisujejo kot nekakšno endiviji podobno rastlino pod imenom Taraxacon, kar pomeni grenko zelišče. V nekaterih angleško govorečih predelih mu še danes pravijo divja endivija (angl. *wild endivia*).

Po nekaterih virih naj bi regrat s seboj v Ameriko nosili tudi popotniki iz Evrope, ki so potovali v novo osvojene kolonije. Tam so okrog svojih novih bivališč zasejali regrat. Imeli so ga za hrano in zdravilo ter v spomin na domovino.

Zdravje

Liste regrata uporabljamo predvsem za povečevanje izločanja urina, njegove korenine pa za pospeševanje delovanja jeter in žolčnika.

V tradicionalni medicini se regrat uporablja za »čiščenje telesa«, kar pomeni, da pospešuje procese izločanja odpadnih snovi iz organizma. V praksi se regratovi listi uporabljajo za odvajanje vode iz telesa in pri ledvičnih kamnih. Ker ima regrat med drugim tudi veliko kalija, je za telo še posebej ugoden. Kljub odvajanju vode telo tako ohranja zadostno vrednost kalija. Regrat spodbuja tudi delovanje jeter in žolčnika ter pospešuje prebavo maščob. Zaradi mnogih pozitivnih učinkov se pogosto uporablja v spomladanskih čistilnih kurah telesa.

Zaradi polisaharida inulina, ki se nahaja v koreninah, regrat nekoliko vpliva tudi na zniževanje sladkorja v krvi. Obenem pa v črevesju ugodno deluje kot prebiotik. V teku so obetavne znanstvene študije, v katerih znanstveniki preučujejo vpliv ekstrakta regratove korenine na zmanjševanje raka prostate.

V ljudski medicini se mleček iz regrata uporablja za odstranjevanje bradavic, saj mehča kožo.

Za zdravilne namene običajno uporabimo posušene liste in korenine. Liste nabiramo v suhem sončnem vremenu in jih previdno posušimo, da ne bi potemneli. Za korenine se je potrebno malo bolj potruditi. Nabiramo jih od jeseni, pa vse do zgodnje pomladi. Previdno jih izkopljemo tako, da jih ne poškodujemo, saj bi sicer iztekel beli zdravilni mleček. Korenine očistimo zemlje in jih posušimo skupaj z zelenim delom rastline, ki ga odrežemo šele potem, ko je korenina popolnoma suha. Dobro jih moramo posušiti, da ne bi med shranjevanjem splesnele. Posušene korenine hranimo narezane na koščke, v dobro zaprtem kozarcu. Uporabimo jih v čaju za pospeševanje delovanja žolčnika.

Posušimo lahko tudi cvetove in jih uporabimo na enak način kot liste. Pri nabiranju cvetov moramo biti pozorni, da nabiramo le napol odprte cvetove, ki so še v zgodnji fazi cvetenja. Takrat imajo v sredini cveta še nekakšen stožec nerazprtih cvetnih lističev. Če poizkušamo sušiti že popolnoma razcvetele cvetove, bodo ti med sušenjem nadaljevali svojo pot dozorevanja in se pretvorili v semena. Tako bi ob koncu sušenja dobili le še regratove lučke. Sicer pa sveže regratove cvetove najdemo na travnikih skoraj skozi celo leto, kjer večkrat ponovno odženejo in cvetijo.

Naj na tem mestu spomnim, da regrata nikoli ne nabiramo ob prometnih cestah, saj se listi hitro navzamejo težkih kovin iz izpušnih plinov. Prav tako ga ne nabiramo ob sprehajalnih poteh, polnih sprehajalcev in njihovih hišnih ljubljenčkov. Nabirajmo ga na čim bolj odmaknjenih predelih.

Kulinarika in drugo

V kuhinji lahko uporabimo celo rastlino. Najboljši so prvi spomladanski mladi listi, nabrani še pred cvetenjem, ko še niso preveč grenki in jih uživamo surove v solati. Če se potrudimo in jih poiščemo zgodaj spomladi na zorani njivi ali na travniku iz krtine, jih izrežemo z dolgim nožem globoko do korenine. To je zares najboljši regrat, kar ga je mogoče dobiti. Stebelca so dolga, svetla, hrustljava in ravno prav grenka.

Večina ljudi uživa liste regrata v solati. Poleg se zelo prileže trdo kuhano jajce, zato tej rastlini ponekod v Sloveniji pravijo kar jajčar. Ker na pokošenih travnikih odžene večkrat v istem letu, ga lahko nabiramo čez celo leto. Če ga nabiramo malo kasneje, ko so listi že bolj čvrsti in nekoliko bolj grenki, mu v solati dodamo koščke toplega kuhanega krompirja. Okus lahko popestrimo tudi s popraženo slanino ali ocvirki, tako se regrat zaradi toplote še malo zmehča.

Regrat pa lahko uporabimo še na mnoge druge načine. Liste pripravimo kot prikuho, lahko ga skupaj s špinačo skuhamo na sopari, začinimo z oljčnim oljem, na koncu pa vse skupaj posujemo še s svežimi rumenimi lističi regratovih cvetov. Pripravimo ga lahko tudi v omaki kot polivko za testenine, kjer mu lahko pridružimo še mlade koprive ali čemaž. Regratove liste lahko uporabimo tudi za pesto. Še sveže pa dodamo v sendviče namesto solate, jih zmešamo v zeleni smoothie ali pa v sokovniku pripravimo sok. Če nas motijo grenčine, dodamo še sadje in zelenjavo.

Iz cvetov lahko pripravimo regratov sirup ali žele. Z rumenimi cvetnimi lističi lahko okrasimo solate ali jih dodamo v sladice. Iz njih lahko pripravimo polpete, dodamo le še moko in jajca ter jih ocvremo v olju. Tako liste kot cvetove lahko dodamo v maso za mesne polpete.

Zelene cvetne koške, ki jih naberemo pred cvetenjem, lahko vložimo v kis kot kumarice ali kapre. Uporabimo jih kot okusno in zdravo specialiteto ob narezku in tako presenetimo goste. Neodprte cvetne koške lahko jemo tudi sveže, saj so prav tako okusni in zdravi kot listi. Dodamo jih poleg listov v regratovo ali kakšno drugo solato, lahko pa jih pokuhamo in pripravimo kot prilogo. Odlično se obnesejo tudi v omleti, rižoti in v juhi.

Iz suhih praženih korenin pripravimo okusen in zdrav brezkofeinski kavni nadomestek, ki je podoben pripravku iz cikorije. Pri tem korenine regrata dobro očistimo, posušimo, nato pa jih pražimo približno dvajset minut, da postanejo temno rjave. Ko se ohladijo, jih zmeljemo in pripravimo kot običajno kavo.

Topla regratova solata s slanino

skleda regratovih listov
2-3 rezine slanine
0,2 dcl oljčnega olja
0,5 dcl jabolčnega kisa
0,5 dcl vode
2 stroka česna
sol, poper

za okras: sveži cvetovi regrata, trobentice, vijolice, marjetice, mrtve koprive...

Naberemo liste regrata, jih dobro očistimo in operemo ter damo v skledo. Če so listi večji, jih prerežemo na polovico. V ponvi segrejemo olje, dodamo na koščke narezano slanino in drobno narezan česen ter popražimo. Nato dolijemo jabolčni kis in vodo, dodamo sol, poper ter počakamo, da vse skupaj zavre. Tako pripravljen preliv polijemo po regratu in premešamo. Po vrhu dekoriramo z užitnimi spomladanskimi cveticami.

Skupaj s kosom črnega kruha ali s trdo kuhanim jajcem za tiste bolj lačne, je ta solata lahko odlična zdrava samostojna spomladanska malica. Seveda pa jo lahko pa postrežemo tudi kot solato ob glavni jedi.

Keksi iz regratovih cvetov

30 regratovih cvetov
120 g masla
100 g sladkorja
200 g moke (pol bele, pol pirine)
1 jajce
1 bio limona
1 vanilijev sladkor
½ pecilnega praška
ščepec soli

Umešamo zmehčano maslo, jajce in sladkor. Iz regratovih socvetij posmukamo rumene lističe in jih umešamo v maso. Dodamo naribano lupinico limone, vaniljev sladkor in sol ter premešamo. Nazadnje dodamo moko in pecilni prašek ter zamesimo testo. Zavijemo ga v folijo in pustimo v hladilniku eno uro.

Iz testa oblikujemo kot oreh velike kroglice in jih polagamo v pekač, prekrit s peki papirjem. Kroglice zlagamo vsaj dva centimetra narazen, saj med peko narastejo. Pečemo jih v pečici na 170 °C, približno petnajst do dvajset minut.

Takšni keksi se odlično prilegajo ob kavi nekje na spomladanskem soncu. Še posebej dobro pa teknejo zato, ker so samo vaši. Takšnih ni mogoče kupiti v trgovini.

Velika kopriva
Urtica dioica

Moja zgodba

Ja, vem, že ob misli na to rastlino se naježimo in bi se ji najraje izognili v velikem loku. Drži? Nepreviden dotik z veliko, žgočo koprivo na nas pusti sledi. Koža po dotiku nekoliko peče, skeli in srbi, rdeči mehurčki pa na njej ostanejo še kar nekaj ur. Svoje lastnosti kopriva ne skriva, beseda urtica v njenem latinskem imenu namreč pomeni skelenje.

Po svetu velja prepričanje, da nam kopriva daje vedeti, da tam kjer raste ona, za druge ni prostora. Vendar se ji izogibamo po krivici. Njeni pozitivni učinki na telo so tako neverjetni, da bi se ji pravzaprav morali pokloniti. Nekoč sem prebrala intervju s priznano vrtnarko, ki je povedala: »Če bi mi nekdo rekel, da imam lahko eno samo gredico, na kateri lahko gojim samo eno rastlino, bi bila to kopriva.« Toliko uporabnih lastnosti, kot je združenih v tej rastlini, ne najdemo skoraj nikjer. Tudi znani ljudski rek: »Kopriva ne pozebe,« o njej pove veliko. Če je zlepa nič ne more uničiti, tudi najhujši mraz ne, to lahko pomeni, da ima v sebi veliko obrambno moč. Ko ta moč preide v telo človeka, ščiti tudi njega.

Kopriva je rastlina, ki je v prehrani zelo uporabna. Sama sem to spoznala že v otroških letih, ko sva z mamo Marinko nabirali vršičke mladih kopriv ob robu polj okrog vasi. Mama je iz njih za kosilo skuhala »špinačo«, kot smo ji takrat rekli. Šlo je za gosto kremno prilogo iz kopriv. Ko sem bila majhna, mi je bila ta jed veliko bolj poznana kot jed iz prave špinače. V tistih časih pri nas in v okoliških vaseh špinače skorajda niso gojili. Zakaj le, saj so bile koprive skoraj na vsakem koraku. Največji izziv pa je bilo nabiranje kopriv. Kako jih nabrati, ne da bi te opekle in bi te nadležna srbečica spremljala cel dan? Težko, nemalokrat so me spekle in takrat mi je mama rekla: »Ne skrbi, to je dobro. Ko boš velika, ne boš imela revme.« Takrat me je to malo potolažilo. Pogumno sem nadaljevala z rezanjem vršičkov in jih s konicami prstov previdno metala v košaro. Potem smo doma jedli prilogo iz kuhanih kopriv, poleg pa še pire krompir in za vsakega po eno trdo kuhano jajce. Še posebej spomladi je bila ta jed pogosto na jedilniku. Kasneje, ko sem prilogo pripravljala sama, sem včasih namesto kopriv uporabila pravo špinačo. In veste kaj, ugotovila sem, da mi je okus kopriv mnogo boljši od okusa špinače.

Sedaj koprivo že dobro poznam in se je ne bojim več. Včasih se med sprehodom ob gozdu kar nalašč s koprivo dotaknem kakšnega sklepa, potem pa počakam in opazujem. Rastlina se avtomatično brani in v mojo kožo zapiči krhke iglice. Jaz pa se nasmehnem in rečem: »Hvala!« V mislih si predstavljam biokemijski proces, ki poteka v mojem telesu, ko iz koprivinih mini injekcij v moje telo prihajajo najrazličnejše molekule. V kožnih celicah in globlje v sklepu se začne tvoriti kratkotrajna blaga lokalna vnetna reakcija, ki zdravi. Ni prehuda, ravno pravšnja je. V sklepu me zaščemi, pogreje in tako vem, da se je reakcija pričela. Obrambni mehanizem se aktivira, krvni pretok v predelu sklepa se pospeši. Prihaja sveža kri z več kisika, obenem pa se iz okolice sklepa odplavljajo toksini in potujejo v izločevalni sistem. To vzamem kot majhno zdravljenje. Zdi se mi prav zabavno in koristno obenem.

O rastlini

Velika kopriva je divje rastoča trajna rastlina, ki raste na z dušikom bogatih, vlažnih in senčnih tleh. Najdemo jo tudi ob plotovih in mejah, pa ob hlevih, na obrobju gozdov in na nabrežjih. Spada v družino koprivovk *(Urticaceae)*. V višino zraste do dva metra, v zemlji ima dolgo, močno korenino. Ima oglato steblo, listi pa so zeleni, srčasti in ob robu žagasto nazobčani. Njena glavna značilnost so drobni laski; to so krhke votle cevčice na površini listov in stebel. Ti so tudi glavni krivec za pekoč občutek ob dotiku.

Kopriva cveti od maja do septembra. Ima ženske in moške cvetove, ki so neizraziti. Zelenkasto rjavi drobni cvetovi so nanizani v socvetja, ki se kot kozje brade spuščajo iz glavnega stebla. Jeseni iz teh cvetov nastanejo semena.

Poleg velike koprive v naravi srečamo tudi malo koprivo *(Urtica urens)*. Ta je nižja, ima manjše in bolj okrogle liste, a prav tako peče. Po uporabi in delovanju je zelo podobna veliki koprivi in jo lahko uporabljamo na enak način.

Poleg velike in male koprive pa v naravi srečamo tudi mrtve koprive, ki pa s koprivami sicer nimajo nobene povezave. Edina podobnost, ki si jo delijo s pravo koprivo, je oblika listov. Mrtve koprive ne spadajo v družino koprivovk, pač pa v družino ustnatic. Ne pečejo, imajo okroglo steblo in izrazite barvne cvetove (bele ali škrlatno rdeče). So pa prav tako užitne in zdravilne kot prave koprive. Cvetovi mrtve koprive so še posebej lep in užiten okras v kulinariki.

Veliko koprivo lahko nabiramo čez celo leto, uporabimo jo v prehrani ali kot zdravilo. Užitna je cela rastlina od listov do korenine, pa tudi cvetovi in njena semena. Liste lahko uporabimo sveže ali posušene. Korenine izkopljemo jeseni ali zgodaj spomladi in jih posušimo. Cvetove nabiramo poleti, semena pa jeseni.

Najprej spomladi naberemo prve mlade poganjke. Kasneje, ko je steblo že precej olesenelo, odrežemo le liste. Kopriva zraste večkrat na leto, še posebej tam, kjer so bile koprive prej že pokošene. Tam lahko pričakujemo nove mlade poganjke. Koprivo bomo najlažje nabirali s košaro, škarjami in rokavicami.

Zakaj kopriva speče? Skrivnost je v dražečih snoveh, v njenih drobnih, krhkih silikatnih iglicah na listih in steblu. Po dotiku s kožo se miniaturne iglice zarinejo pod kožo, krhki vršički se odlomijo in injicirajo mešanico snovi (histamin, serotonin, acetilholin in mravljinčno kislino). Te v koži sprožijo lokalno vnetno reakcijo. Nastanejo srbeči in rdeči mehurčki, pekoč občutek pa traja tudi do nekaj ur. To je naravni obrambni mehanizem koprive pred škodljivci in vsemi, ki se ji hote ali nehote približajo.

Kako si lahko pomagamo, ko nas opečejo koprive? Pomembno je, da prizadetega dela ne praskamo, saj s tem spojine, ki dražijo, širimo na širši predel kože. Srbenje bo tako trajalo dalj časa. Kožo raje umijmo z vodo in milom, položimo mrzel obkladek in namažemo z gelom aloe vere. Uporabimo lahko tudi razredčeno eterično olje, ki delujejo proti vnetjem ob pikih žuželk (sivka ali meta).

Kopriva vsebuje flavonoide (kvercetin, kemferol in rutin), klorgensko kislino, β-sitosterol, lignane, skopoletin, serotonin, aminokisline, oksalno kislino, minerale (kalcij, železo, magnezij, fosfor, silicij in druge) in vitamine (C, A, B_2, B_5, K, E in druge). Razširjena je praktično po celem svetu.

Druga imena za koprivo *(Urtica dioica)* so še pekoča kopriva, ožarnica in žgalica. Tuja imena pa so *stinging nettle* (angl.), *common nettle* (angl.) in *Große Brennnessel* (nem.).

Zgodovina

Poznavanje te rastline seže daleč nazaj v zgodovino, ko je bila njena uporaba bistveno bolj razširjena kot danes. Kopriva je nekoč mitološko predstavljala boga strele, ponekod so ljudje zažgali šop suhe koprive ob nevihtah, da ne bi strela udarila v domačijo. Veljal je pregovor: »Strela ne gre v koprive.«

V antičnih časih so koprivo uporabljali za lajšanje bolečin v sklepih, ki se po stiku s koprivo ogrejejo. Koprivo so uporabljali proti revmi tako, da so se z njo bičali po bolečih sklepih in s tem lokalno povečali cirkulacijo krvi. Cezarjeva vojska si je z bičanjem s koprivami pomagala tudi v mrzlih zimah, saj so zaradi pekočega občutka lažje prenašali mraz.

V srednjem veku so koprivo uporabljali proti številnim zdravstvenim tegobam: kot sredstvo za odvajanje vode iz telesa, za zdravljenje revmatizma, putike, kot protistrup ob strupenih pikih kač in žuželk ter celo proti kožnim infekcijam.

Ko v Evropi še ni bilo na voljo dovolj bombaža, so stebla koprive zaradi močne vlaknate strukture uporabljali podobno kot lan za tkanje in izdelavo oblačil. Med drugim so izdelovali tudi vojaške uniforme za borce v prvi svetovni vojni. Sok koprive so stoletja uporabljali kot naravno zeleno barvilo za tkanine.

Zdravje

Kopriva se uporablja za lajšanje številnih zdravstvenih težav. S koprivinimi pripravki lahko blažimo znake artritisa, zmanjšuje namreč vnetja in lajša bolečino. Deluje diuretično, uporablja pa se tudi za lajšanje težav pri putiki. Ima dokazane pozitivne učinke v primeru benignega povečanja prostate, za kar so še posebej uporabne njene korenine.

Ima ugoden učinek pri slabokrvnosti in diabetesu, saj znižuje krvni sladkor. Krepi imunski sistem in pospešuje metabolizem. Primerna je za spomladansko razstrupljanje telesa, ker pospešuje izločanje vode in žolča, po drugi strani pa je izredno bogata z vitamini in minerali, še posebej z železom. V ta namen je še posebej primeren sok iz svežih kopriv ali čaj iz listov koprive.

Deluje tudi proti driski in proti težavam pri senenem nahodu. Uporablja se tudi za krepitev las, proti izpadanju las in proti prhljaju.

Iz posušenih listov ali korenin kopriv naredimo čaj ali pa jih zmešamo v čajne mešanice skupaj z drugimi zelišči. Iz listov naredimo poparek tako, da dve žlički zdrobljenih suhih kopriv prelijemo z dvema decilitroma vrele vode, pustimo petnajst minut in nato odcedimo. Čaj iz korenin pa naredimo tako, da damo eno do dve žlički mlete korenine v mrzlo vodo, zavremo, nato kuhamo še eno minuto. Potem odstavimo in pustimo stati še deset minut.

Kulinarika in drugo

Koprivo lahko zaradi visoke vsebnosti vitaminov in mineralov imenujemo kar superživilo. Za hrano so najbolj uporabni mladi vršički kopriv. Sveže koprivine liste pred nadaljnjo uporabo najprej balanširamo v vodi za nekaj minut ali pa jih pomanemo med prsti z orokavičenimi rokami. Pri tem se krhke iglice zlomijo, koprive pa izgubijo pekoč učinek. Vode, v kateri so se kuhale koprive, ne zavržemo, ampak jo prihranimo za nadaljnjo uporabo, saj je polna mineralnih snovi.

Zanimivo je, da koprive ohranijo lepo zeleno barvo tudi po balanširanju, kar tudi vizualno popestri jedi. Koprive odcedimo in drobno zrežemo, nato pa jih lahko uporabimo na mnogo načinov: lahko jih samo polijemo z oljčnim oljem in že imamo prilogo ali pa se malo bolj potrudimo in skuhamo juho. Iz njih skuhamo polivko za testenine ali pa jih damo v rižoto. Po želji jih dodamo v zavitke skupaj s skuto ali naredimo pesto. Jedem iz koprive pogosto dodamo kislo smetano ali mleko.

Če želimo še večjo kulinarično mojstrovino, pripravimo slane koprivine palačinke in jih napolnimo z gobovim ali drugim nadevom. Balanširane koprive zmeljemo v kašast pire in jih dodamo testu za torto ali mafine. Tako dobimo nenavadno zeleno testo, nato pa sladico še premažemo z limoninim prelivom z mletim sladkorjem. Za okras lahko dodamo cvetove mrtve koprive, ognjiča ali sivke.

Sveže liste kopriv uporabimo za sok in sicer tako, da uporabimo namenski sokovnik ali pa dve pesti svežih kopriv prelijemo z vodo (1,5 dcl) in jih zmeljemo s paličnim mešalnikom. Koprivin sok lahko tudi zmešamo s sadnim sokom in pijemo čez dan po žlicah vsaj štirinajst dni, tako poskrbimo za odlično kuro proti pomladanski utrujenosti.

Posušene koprivine liste lahko zmeljemo v prah in jih dodajamo kot druge mlete začimbe v juhe, rižote ali posujemo po solati. So kot zdravo naravno zeleno barvilo.

Cvetove ali semena kopriv lahko posujemo po solati, jih dodamo v jogurt, kašo ali v smooti.

Koprive so zelo uporabne tudi kot gnojilo v biovrtnarjenju. V posodo damo sveže koprive in jih prelijemo z vodo ter vse skupaj pustimo stati pokrito vsaj en teden. Pri tem smo pozorni, da posoda ne stoji preblizu naše ali sosedove hiše, saj je vonj tega gnojila izrazito neprijeten. Pred uporabo gnojilo razredčimo z vodo (na deset litrov vode dodamo en liter koprivinega gnojila), s takim pripravkom zalijemo rastline na vrtu. To deluje kot gnojilo zaradi velike vsebnosti mineralnih snovi, obenem pa deluje tudi kot odganjalec raznih škodljivcev.

Krompirjevi svaljki v družbi kopriv

Svaljki
0,5 kg krompirja
200 g ostre moke
2 jajci
0,5 dcl olja
sol

Polivka iz kopriv
200 g kopriv
3 g masla
2 žlici moke
3 stroke česna
muškatni oreščček
2 žlici kisle smetane
sol, poper

Krompir olupimo in narežemo na koščke ter ga skuhamo v slani vodi. Ko je kuhan, ga precedimo in pretlačimo. Ko se ohladi, dodamo jajci, olje, sol in moko ter zamesimo testo. Testo razrežemo na več manjših delov in iz njih najprej naredimo večji svaljek, nato pa tega razrežemo na manjše dele in vsakega še s pomokanimi rokami malo posvaljkamo, da dobimo bolj podolgovato obliko. Svaljke odlagamo na pomokano površino. Počasi jih kuhamo v vreli slani vodi deset do petnajst minut.

Koprive damo v vrelo vodo, jih kuhamo približno eno minuto, nato jih odcedimo in drobno narežemo. Vodo, v kateri so se kuhale koprive, prihranimo. V ponvi raztopimo maslo, dodamo moko in premešamo, dodamo narezane koprive in drobno sesekljan česen ter popražimo. Nato dodamo toliko vode od kuhanja kopriv, da dobimo zeleno gostoto omake. Kuhamo še približno deset do petnajst minut, nato dodamo sol in poper po okusu, muškatni oreščček in kislo smetano. Na koncu omako zmešamo s paličnim mešalnikom, da dobimo gladko kremasto strukturo. Polivko prelijemo čez kuhane svaljke. Lahko okrasimo z užitnim cvetjem, na primer s cvetovi škrlatnordeče mrtve koprive.

Čaj za spomladansko čiščenje organizma

2 žlici listov kopriv
1 žlica listov breze
1 žlica listov regrata
0,5 žlice cvetov rmana
0,5 žlice listov mete
0,5 žlice plodov šipka

Iz zgoraj navedenih posušenih rastlin pripravimo čajno mešanico. Večje rastlinske dele zdrobimo ali zrežemo, da dobimo enakomerno čajno mešanico, ki jo shranimo v steklenem kozarcu s pokrovom.

Dve žlički čajne mešanice prelijemo z dvema decilitroma vrele vode in pustimo deset do petnajst minut, nato odcedimo in pijemo. Uživamo jo kot spomladanski napitek za čiščenje organizma.

Slastni mafini s koprivami in sirom

Mafine lahko uživamo za zajtrk, ki ga pripravimo že prejšnji dan ali za malico, ko se naveličamo sendvičev.

Skupna masa
150 ml oljčnega olja
3 jajca
250 ml mandljevega mleka
70 g sira - ementalec
250 g moke
1 pecilni prašek
1/4 čajne žličke čilija
½ čajne žličke mletega origana
½ čajne žličke mletega timijana
sol po okusu

Dodatek za rumeni del
50 g mocarele
½ čajne žličke kurkume
1 žlica posušenih listov cvetov ognjiča

Dodatek za zeleni del
100 g koprivinega pireja
50 g suhih paradižnikov
20 g pinol

Posip
1 žlica sezamovih semen
1 žlica bučnih semen
½ žlice posušenih listov cvetov ognjiča
1 žlica naribanega sira ementalec

Koprivin pire lahko pripravimo že prejšnji dan. Vršičke mladih kopriv eno minuto balanširamo v vreli vodi, nato odcedimo in jih v mešalniku zmešamo v gladek pire. Če ga pripravimo isti dan, ga pred dodatkom v maso za mafine nekoliko ohladimo.

V posodi zmešamo oljčno olje, jajca in mandljevo mleko, nato pa primešamo nariban sir. Dodamo začimbe: čili, origano, timijan in sol ter premešamo. Dodamo še moko in pecilni prašek. Premešamo, da dobimo osnovno skupno maso, ki jo nato razdelimo na pol ter nadaljujemo z ločeno izdelavo rumenega in zelenega dela testa.

Rumeni del naredimo tako, da v osnovno maso dodamo kurkumo, narezano mocarelo in posušene liste cvetov ognjiča.

Za zeleni del pa v začetno maso dodamo ohlajen pire koprive, na drobno narezane suhe paradižnike in pinole.

Modelčke za mafine napolnimo s pripravljenima rumeno in zeleno maso tako, da ju z žlico izmenično dajemo v modelčke, da se lepo vidita rumena in zelena plast. Modelčke napolnimo do dveh tretjin volumna. Po vrhu posujemo s praženimi bučnimi in sezamovimi semeni, lističi ognjiča in naribanim sirom.

Pečemo v pečici pri 170 °C, trideset minut.

Dodatke in začimbe lahko tudi poljubno spreminjate in dobite svojo različico mafinov.

Kraški šetraj

Satureja montana

Moja zgodba

Ko sta bila starejša sinova Benjamin in Leon še majhna in smo dopustovali na Krku, smo se večkrat odpravili na družinske pohode ob morju. Hodili smo po ozki kamniti in precej neobljudeni stezi ob morski obali »v divjino«, kot sta rekla sinova. Tam, kamor smo bili namenjeni, ni bilo niti hiš niti cest. Na eni strani steze je bilo spodaj morje, na drugi strani pa nizko grmovje, za katerim so rastla nekoliko višja, večinoma hrastova drevesa, značilna za ta del otoka. Vmes so bile travnate jase, na katerih se so se večkrat pasle črede ovac. Tu smo vedno našli ogromno priložnosti za igro in raziskovanje, opazovanje galebov, metuljev, hroščev in mnogih zanimivih rastlin. Pretvarjali smo se, da je ovca, ki se je pasla v bližini, v resnici dinozaver, ki smo ga v zavetju grma previdno opazovali. Igrali smo se različne fantovske igre, se vživeli v junake iz risank (angl. *Action man*) in se lotili drugih junaških podvigov. Včasih smo v gozdu naredili tudi utrdbo, tako, da smo daljše suhe veje namostili v obliki indijanskega šotora okrog primernega drevesa, na sredini pa uredili prostor za bivanje. Če smo na poti našli kakšno zanimivo rastlino, smo jo vključili v igro tako, da smo jo drobno natrgali v lonček in dodali morsko vodo ter tako naredili »čarobni napitek«, ki je imel čudežno moč. Pretvarjali smo se, da ga pijemo, naša moč pa je postajala neizmerno velika, kot bi imeli moč velikanov.

Na majhni jasi tik ob zalivu je še vedno tudi naše »družinsko drevo«, ki je še danes pritlikavo kot takrat – kot da v teh letih sploh ne bi nič zraslo. Veje so ravno prav razporejene, tako, da otrok zlahka spleza nanj. Mislim, da je bilo ravno to drevo prvo, na katerega sta splezala moja sinova. Naloga tega, ki je splezal gor, je bila v naših igrah seveda izvidniška. Podal je informacije svojim soborcem v taboru pod drevesom in jim poročal o morebitnih bližajočih nevarnostih. Kasneje smo te igre skupaj ponovili še z mlajšim sinom Nikom. Vsakokrat, ko smo se v naslednjih letih sprehajali mimo tega drevesa, smo se ustavili pri njem in obujali spomine na otroške igre.

V bližini naše obmorske steze je mala jasa, kjer smo ob poti našli zanimive olesenele grmičke, iz katerih je poganjalo polno mladih zelenih poganjkov, podobnih smrekovim vršičkom. Na grmičkih smo našli zanimive žuželke, ki smo si jih ogledali čisto od blizu.

Ko smo odtrgali vršičke in liste malo pomečkali med prsti, smo ugotovili, da ima ta rastlina zelo prijeten in izrazit vonj, ki spominja na timijan. Otrokom je bilo raziskovanje te rastline zelo všeč, vključili so jo v svoje »čarobne napitke«. Ker te rastline do takrat še nisem uporabljala, sem najprej pomislila, da gre za eno od podvrst timijana.

Seveda sem to rastlino potem natančno preučila in ugotovila, da gre za kraški šetraj *(Satureja montana)*. Po sestavi eteričnega olja je res zelo podoben vrtnemu timijanu. Od takrat naprej ga redno uporabljam in ga imam ves čas na zalogi. Običajno naberem mlade vršičke že v maju, saj so mi ti bolj všeč kot starejši poganjki. Kasneje v juliju, pred cvetenjem, imajo sicer več eteričnega olja in močnejši vonj, vendar so listi precej bolj trdi.

Konec poletja, ko je vse naokrog suho, pa kraški šetraj čudovito belo zacveti. To se mi zdi prav neverjetno, obnaša se, kot bi bil sredi pomladi v ugodnih razmerah, z obilico dežja in zmernimi temperaturami. Takrat cveti večina drugih rastlin, ampak ne, on zacveti v največji suši. Drobni cvetovi so nanizani med ozkimi zelenimi lističi vzdolž zgornjega dela stebla kot čipkasta nevestina obleka. Navzgor zasukan cvetni listič, ki nudi strešico prašnikom, je rahlo rožnato obarvan, vsi ostali cvetni listi pa so snežno beli. Prav zabavno je od blizu opazovati cvetove, saj so videti kot majhni obrazki. Vmes pa, kot za kontrast, togo štrlijo posušeni oleseneli poganjki iz prejšnjih let, goli, brez listov.

Ker ga sedaj vsako leto nabiram na isti jasi ob naši poti v divjino, me je najprej malo skrbelo, da se grmički ne bi poškodovali. Vendar sem se vsako naslednje leto znova prepričala, da se grmički spet lepo obrastejo. Ugotovila sem, da moje obrezovanje njihovo rast celo vzpodbuja. Vedno, ko odtrgam vejico kraškega šetraja, me njegov vonj avtomatično popelje v lepe spomine na igre z otroci v divjini ob morju.

O rastlini

Kraški šetraj *(Satureja montana)* je samonikla trajnica iz družine ustnatic *(Lamiaceae)*, ki raste na kamnitih tleh. Grmiček zraste v višino od trideset do petdeset centimetrov, v spodnjem delu je olesenel. Lističi so majhni in podolgovati, ozki, svetleči ter na koncu zašiljeni.

Cveti konec poletja, ima bele do rahlo rožnate cvetove, ki so podobni rožmarinovim ali metinim, značilnih oblik za ustnatice. Dobro uspeva v sončnem mediteranskem okolju.

Okus je rahlo pekoč, nekoliko kiselkast in spominja na timijan ter mešanico soli in popra. Če med nabiranjem grizljamo mlad vršiček, ostane v ustih prijeten svež občutek, kot da bi grgrali ustno vodico. To bo koristilo našim dlesnim, saj njegovo antiseptično delovanje preprečuje njihovo vnetje.

Nabiramo zgornje neolesenele dele stebel z listi in cvetovi, ki jih uporabljamo sveže, jih posušimo ali zamrznemo. Lahko jih destiliramo s parno destilacijo in dobimo eterično olje ter hidrolat.

Glavni sestavini v eteričnem olju sta karvakrol in timol, ki dajeta rastlini karakterističen vonj in okus, ki je nekoliko podoben timijanu in origanu. Ravno ti sestavini sta večinoma odgovorni za antioksidativno, antibakterijsko in antiglivično delovanje. Posebno timol se pogosto dodaja zobnim pastam in ustnim vodicam ravno zaradi njegovega antimikrobnega delovanja in osvežilnega vonja ter okusa. Vsebuje tudi gama-terpinen in p-cimen, geraniol, limonen, beta pinen, flavonoide in čreslovine.

Druga imena za kraški šetraj so še gorski šetraj, kraški žepek in primorski vrisak, tuja imena pa so *mountain savory* (angl.), *winter savory* (angl.), *Winter Bohnenkraut* (nem.) in *Pfefferkraut* (nem.). Angleško ime *mountain* oz. *winter savory* je kraški šetraj najverjetneje dobil zato, ker raste samoniklo na pustih kamnitih tleh in ker gre za trajnico, ki obdrži zelene lističe na steblih še dolgo v zimo. Angleška beseda *savory* pomeni slano.

Bolj poznan sorodnik kraškega šetraja je vrtni šetraj *(Satureja hortensis* ali *summer savory)*. Po vonju in okusu sta si precej podobna, razlika pa je v tem, da je kraški šetraj trajnica, ki raste samoniklo, njegov okus je precej bolj močan in pikanten od okusa vrtnega šetraja. Vrtni šetraj pa je enoletna rastlina, ki jo gojimo v vrtovih, kjer se pogosto kar sam zaseje, če rastlino pustimo na vrtu dovolj dolgo časa, da razvije semena.

Kraški šetraj je razširjen zlasti v južni Evropi in severni Afriki.

Zgodovina

Stari Rimljani so kraški šetraj uporabljali namesto soli in popra za začinjanje in konzerviranje hrane, še preden je poper prišel v Evropo iz Azije. Jedi, začinjene s kraškim šetrajem, so bile bolj polnega okusa, in so dale prijeten občutek sitosti.

Nekoč so ga uporabljali tudi za zdravljenje pljučnih bolezni, putike, pa pri želodčnih težavah in razjedah. Prijel se ga je vzdevek »zelišče ljubezni«, saj so ga dajali v ljubezenske napoje.

Zdravje

Kraški šetraj se tradicionalno uporablja za lajšanje težav z dihali in za pospeševanje prebave. Uporaba za težave s prebavo temelji na njegovem karminativem delovanju, saj deluje pa proti napenjanju. Deluje tudi proti driski in slabosti.

Zaradi antiseptičnega delovanja se v obliki čaja uporablja za grgranje pri vnetjih v ustni votlini ali žrelu. Za preprečevanje parodontoze lahko grgramo čaj ali hidrolat, ki ga pred uporabo ni potrebno redčiti. Hidrolat kraškega šetraja lahko uporabimo tudi kot tonik pri aknasti koži. Obloge z izvlečki šetraja pomagajo pri pikih insektov, opeklinah in razjedah na koži.

Zaradi toplega občutka ob nanosu eteričnega olja se ta v tradicionalni medicini uporablja tudi pri bolečinah v sklepih. Eterično olje pred uporabo za masažo vedno razredčimo v nevtralnem olju.

Zaradi močnega vonja odganja insekte, zato ga lahko uporabimo v repelentih.

Kulinarika in drugo

Kraški šetraj je najbolj znan kot začimba za fižol in druge stročnice, saj pospešuje prebavo in zmanjšuje napenjanje. Od tod tudi njegovo nemško ime *Bohnenkraut*, kar pomeni »zelišče za fižol«. Uporabimo ga že med kuhanjem stročnic in potem pri začinjanju končne jedi.

Zelo se poda h gobam in mesu. Uporablja se kot dodatek k solatam, juham, zeliščnemu maslu, uporabimo ga za marinade, za aromatiziranje olja ali kisa. Z njim lahko začinimo kruhov nadev za meso ali zelenjavo.

Lepo se kombinira tudi z drugimi začimbami; z origanom, baziliko, timijanom in žajbljem. Lahko pripravimo začimbno sol, v kateri te začimbe kombiniramo.

V kulinariki se kraški šetraj lahko uporablja svež, posušen ali zamrznjen. Posušen kraški šetraj lahko zmeljemo v mlinčku in ga uporabljamo na podoben način kot poper in sol. Prav zaradi tega lahko jedi, ki so začinjene s kraškim šetrajem, manj solimo in popramo. Takšne jedi so še posebej primerne za diete z manj soli.

Svež kraški šetraj ima močan vonj in okus, vendar pa ga med kuhanjem izgublja, zato ga dodajamo proti koncu kuhanja. Res je, da po vonju in okusu nekoliko spominja na timijan, meto ali celo majaron, vendar ga vseeno ne moremo v popolnosti nadomestiti s temi rastlinami – kraški šetraj je enostavno poseben in unikaten, zato ga je vredno imeti v domači zbirki začimb.

Šetrajeva čajna mešanica

Ta čaj blagodejno deluje na prebavni sistem in je primeren za pomirjanje črevesnih težav, za pospešitev prebave in za jutranje »tuširanje od znotraj«. Užijemo ga preden spijemo prvo kavo ali pa kar tako čez dan, ko se malo ustavimo in umirimo. Primeren je tudi pri vnetjih dihal, saj vsebuje precej protimikrobnih učinkovin.

50 % kraškega šetraja
40 % poprove mete
10 % ognjiča

Pripravimo poparek in sicer tako, da eno čajno žličko zeliščne mešanice prelijemo z eno skodelico vrele vode in pustimo pokrito pet minut. Nato precedimo in postrežemo.

Ta čajna mešanica je na videz barvita in razgibana po strukturi. Če jo zapakiramo v zanimivo stekleno embalažo in prevežemo z darilnim trakom, je lahko tudi lepo unikatno darilo.

Stročji fižol v solati s paradižnikom in šetrajem

Kraški šetraj se pogosto uporablja v kombinaciji s fižolom. Tole je ena od različic solat, ki jih lahko pripravimo z uporabo svežega šetraja.

0,5 kg stročjega fižola
0,3 kg češnjevega paradižnika
½ čebule
1 strok česna
olivno olje
jabolčni kis
sol, poper
nekaj vejic svežega kraškega šetraja

Fižol skuhamo v slani vodi, dodamo vejico šetraja, ki jo na koncu kuhanja odstranimo. V skledi zmešamo ohlajen stročji fižol, paradižnik, dodamo drobno narezano čebulo, česen, sol in poper. Zalijemo s polivko z oljem in kisom. Dodamo še na drobno narezane listke svežega mladega šetraja in vse skupaj rahlo premešamo. Za dekoracijo lahko po solati potresemo še nekaj celih lističev šetraja.

Namesto stročjega fižola na enak način pripravimo fižol v zrnju ali druge stročnice.

Žajbelj

Salvia officinalis

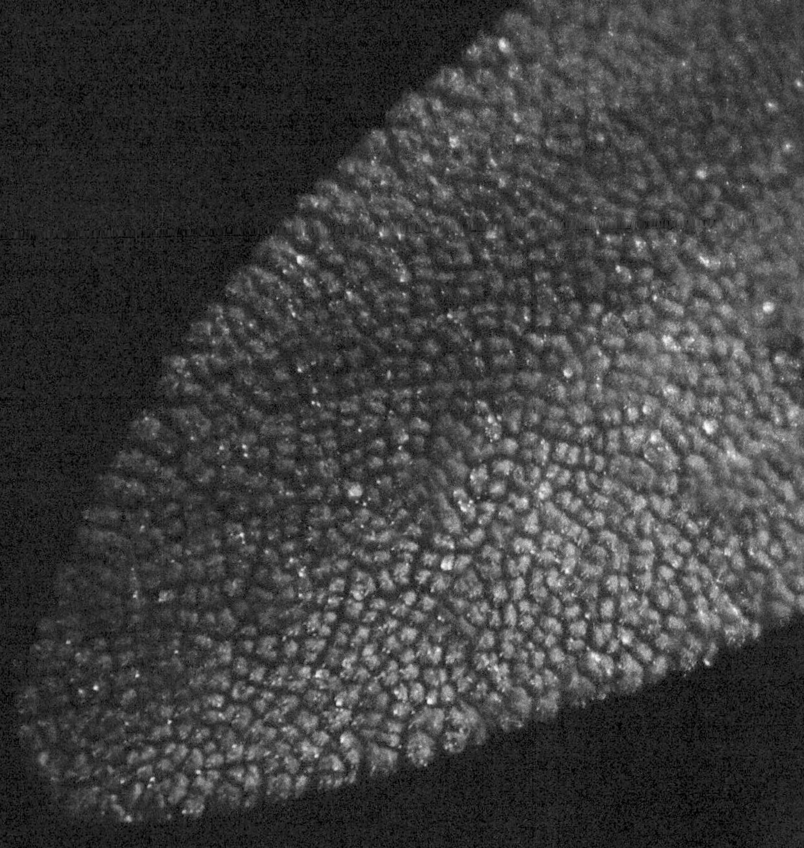

Moja zgodba

Moji prvi doživljaji z žajbljem so povezani s spomini na staro mamo – očetovo mamo Jožefo. Zdravilne rastline je večinoma gojila na vrtu za hišo. V otroških letih sem se precej družila z njo, saj smo živeli v isti vasi, na Dolenjih Ponikvah, le nekaj hiš narazen. Ona je bila edina v našem sorodstvu, ki se je ukvarjala z zdravilnimi rastlinami.

Na dvorišču jih je razporedila po velikem okroglem situ ali po papirju in jih redno obračala, da so se enakomerno sušile. Nekatere je povezala v šopke in obesila zunaj pod streho. Ko so bili šopki posušeni, jih je spravila v papirnate vrečke in zapisala ime rastline z letnico ter jih spravila v večjo škatlo v omari. Tako je imela lepo zloženo zbirko zdravilnih rastlin, ki so bile nared vedno, ko je kdo imel kakšno zdravstveno težavo. To je bila njena domača lekarna. Moj oče Pavle mi je pripovedoval, kako pomembne so bile zdravilne rastline za zdravje njegove številčne družine, pa tudi za sosede v vasi. Do zdravnika je bilo namreč nekoč težko priti in zdravila na recept so se težko dobila.

Vedno, ko sem obiskala staro mamo, je njena soba prijetno dišala po posušenih rastlinah; po kamilici, žajblju, melisi, meti, komarčku in materini dušici. Takrat sem bila še otrok in vse to se mi je zdelo kot velik misterij. Toliko je vedela o rastlinah – o njihovih učinkih, kdaj kaj nabirati in kako kaj pripraviti. Spominjam se njenega grenko-sladkega žajbljevega mleka, ki mi ga je pripravila, kadar me je bolelo grlo. Pila sem ga počasi, po žličkah, da mi je grelo in zdravilo vneto žrelo. Spominjam se tudi blazinice, ki jo je sešila iz blaga ter napolnila s suhimi kamilicami in materino dušico. Ko sem zbolela, je blazinico pogrela nad štedilnikom na drva in mi jo položila na prsni koš, da sem lažje dihala.

Takrat sem bila še otrok. Žal mi je, da nisem uspela od nje izvedeti več, saj sem prepričana, da bi mi povedala marsikaj o tradicionalni uporabi rastlin v družinah naših prednikov, to znanje pa bi šlo iz roda v rod kot dediščina. Sedaj mi je ostalo le nekaj drobnih spominov.

Več let kasneje sem se tudi sama začela zanimati za žajbelj. Sedaj ga največkrat nabiram na morju, na Krku. Odkrila sem čudovito veliko nahajališče. Tja grem v maju, ko se zaradi cvetenja žajblja v vijolično barvo odene celo pobočje, ki se vzpenja nad modrim morjem. Vse naokrog se soncu nastavljajo mehki sivozeleni lističi z drobnimi puhastimi dlačicami. Pokončna vijolična socvetja, sestavljena iz posameznih majhnih vijoličnih cvetov so videti, kot bi imela prava usteca, iz katerih molijo prašniki. Vsakič, ko steblo odtrgam, se razširi značilen odločen vonj, ki me spominja na mešanico limonine lupinice in borovih iglic. Učinke začutim že takoj tam, ko ga nabiram. Vedno, ko sem v tem obmorskem okolju in v sončnem vremenu nabiram žajbelj, se počutim tako nezemeljsko lepo.

O rastlini

Žajbelj je trajnica iz družine ustnatic *(Lamiaceae)*. Še posebej mu ugajajo vroče mediteransko podnebje, suha kamnita tla in zares veliko sonca. Raste samoniklo v divjini, lahko pa ga gojimo tudi v vrtovih.

Je štirideset do petdeset centimetrov visok grm, ki je v spodnjem delu olesenel. Listi so sivo zeleni in ovalni, z rahlo nagubano površino. Ta je porasla z nežnimi, drobnimi svetlimi dlačicami, ki liste ščitijo pred poletno vročino. Zaradi značilne oblike listov na Arabskem polotoku žajblju pravijo tudi kamelji jezik.

Iz sredine poženejo daljša stebla z vijoličnimi cvetovi, značilnimi za ustnatice. Ti so nanizani po steblu, da je videti, kot bi rasli v vijoličnem klasu. Cveti od konca maja do julija. Žajbljevi cvetovi so odlična paša za čebele, žajbljev med pa je tudi posebna specialiteta obmorskih krajev.

Najbolj uporabni del žajblja so listi. Navadno odtrgamo vršičke, najbolje še pred cvetenjem. Vonj žajblja je svež, spominja na kafro. Uporabimo pa lahko tudi cvetove, predvsem za dekoracijo jedi. Liste navadno posušimo na suhem zračnem prostoru, pri čemer temperatura ne sme preseči 40 °C. Uživamo jih lahko čez celo leto. Žajbelj lahko tudi destiliramo s parno destilacijo, pri čemer dobimo 1,0 – 1,5 % eteričnega olja in hidrolat. Še posebej aromatičen pa je sveži žajbelj, ki je priljubljena začimba v kuhinji.

Najbolj značilne sestavine žajbljevega eteričnega olja so tujon, cineol in kafra, ki so v veliki meri odgovorni za njegovo antibakterijsko delovanje. Ostale učinkovine so še borneol, linalol, pinen, cineol, ursolna kislina, tanini in grenčine.

Žajbelj izvira iz Mediteranskega območja, od tam pa se je razširil tudi v druge dele Evrope in v Severno Ameriko.

Drugo ime za žajbelj *(Salvia officinalis)* je še kadulja, tuja imena so *sage* (angl.) in *Salbei* (nem.).

Zgodovina

Žajbelj velja za eno najstarejših zdravilnih rastlin. Ime Salvia izhaja iz latinske besede salvare, ki pomeni zdraviti. Že v antičnih časih je bil je široko uporabljen kot zdravilo proti vročini, bronhitisu, prebavnim težavam, proti potenju, za zaustavljanje krvavitev, proti razjedam in za boleče grlo. Na neki šoli zdravilstva je bil celo napis: »Zakaj naj bi umrl človek, ki mu na vrtu raste žajbelj?« To kaže kako zelo je bila ta rastlina cenjena in kako pogosto so jo uporabljali v zdravilne namene že v antičnih časih.

Gojenje žajblja je zelo vzpodbujal Karel Veliki. V srednjem veku so ga uporabljali kot sredstvo proti vnetjem, za hitrejše celjenje ran, proti garjam in drugim kožnim boleznim, za podaljševanje življenja, za odganjanje zlih duhov, pri kačjih pikih, za osvežitev ust, pa tudi za izboljšanje spomina. V Angliji so že v 16. stoletju tradicionalno pili žajbljev čaj, ki so ga šele kasneje nadomestili s pravim čajem iz Azije.

Žajbelj se je v kuhinji uporabljal od nekdaj, zlasti za začinjanje mastnih jedi in za preprečevanje kvarjenja hrane.

Zdravje

Žajbelj ima dokazano antioksidativno in antiseptično delovanje. Danes se ga najpogosteje uporablja kot antiseptik ob vnetju ali razjedah v ustni votlini ter žrelu. Priporočajo ga tudi pri razjedah v ustih, ki so nastale kot posledica kemoterapije.

Zaradi visoke vsebnosti taninov ima tudi izrazito adstringentno delovanje, kar pomeni, da povzroči zmanjšanje prepustnosti sluznice ali kože tako, da se krči njuna površina, kar ima za posledico zmanjšanje vnetnega procesa.

Zaradi antimikrobnih učinkovin in izrazitega adstringentnega delovanja pa deluje ugodno tudi pri parodontozi. Za grgranje lahko uporabimo žajbljev čaj ali hidrolat. Čaj za grgranje pripravimo tako, da eno žličko zdrobljenih žajbljevih listov prelijemo z decilitrom vrele vode in pustimo deset do petnajst minut. Nato precedimo in ga večkrat dnevno uporabimo za grgranje.

Žajbelj zmanjšuje vnetja črevesne sluznice, napenjanje v črevesju in drisko. Zaradi grenčin, ki jih vsebuje, se poveča izločanje prebavnih sokov in s tem olajša prebava. Zaradi adstringentnega delovanja se uporablja tudi za zmanjševanje pretiranega potenja. Zato je lahko še posebej koristen tudi za ženske v menopavzi.

Uživanje žajblja pomaga pri reguliranju počutja pri osebah z depresivnimi motnjami, poleg tega izboljšuje tudi koncentracijo in spomin. Če pri utrujenosti med pripravami na težke izpite večkrat povonjamo sveže zmečkane liste ali eterično olje, se bo koncentracija hitro povečala, misli zbistrile, učenje pa bo veliko lažje. Ponekod žajbljevemu čaju pravijo kar čaj za mislece (angl. *thinker's tea*).

Obstajajo znanstvene študije, ki potrjujejo ugodno delovanje žajblja na zmanjšanje simptomov depresije in Alzheimerjeve bolezni, pa tudi na zmanjševanje sladkorja v krvi in na potencialno antikancerogeno delovanje.

Pri notranji uporabi žajbljevih pripravkov moramo biti previdni, da ga ne uporabljamo neprekinjeno, daljši čas. Vzrok tiči v možnih toksičnih učinkih ene izmed sestavin žajblja – tujona. V vodnih izvlečkih, torej v čaju, je tujona relativno malo, zato ga lahko varno uporabljamo, če res ne pretiravamo s količino. V alkoholnem izvlečku (tinkturi) pa ga je zaradi boljše topnosti precej več. Pri visokih dozah tujona se lahko pojavijo znaki, kot so pospešeno bitje srca, vročina in celo epileptični napadi. Zato se notranji uporabi žajbljeve tinkture raje izognimo.

Žajbelj zmanjšuje izločanje mleka iz mlečnih žlez, zato za doječe mamice ni priporočljiv. Otroci naj ga uporabljajo le zunanje (na površini kože).

Kulinarika in drugo

Žajbelj je priljubljena začimba v kulinariki, zlasti za začinjanje mesnih, zelenjavnih in mlečnih jedi. Ker sta njegova aroma in okus zelo izrazita, ga uporabljamo varčno; dodajamo ga proti koncu kuhanja.

Zelo dobro se ujema z maslom. Lahko ga pripravimo tako, da stopimo maslo in vanj vsujemo grobo narezane lističe svežega žajblja. Popražimo, nato polijemo po njokih ali testeninah. Sveže narezane liste lahko vmešamo v jajčno omleto.

Nekateri žajbelj uporabljajo tudi pri vlaganju kumaric v kis, kjer ga dodajajo kot začimbo. Uporablja se tudi kot naravni konzervans.

Če žajbljev grm posadimo na zelenjavni vrt, bo odgnal škodljivce.

Mogoče se zdi nekoliko nenavadno, a žajbelj se lahko uporablja tudi za dezinfekcijo zraka v notranjih prostorih. V ognjevarni posodici zažgemo nekaj listov posušenega žajblja in pustimo, da se dim razširi po prostoru. Čez nekaj časa prostor prezračimo. Nekoč so celo verjeli, da kadilo iz žajblja odnaša slabo energijo iz prostorov, pa tudi preprečuje prepire, zmanjšuje jezo in ozdravlja bolezni. Mogoče pa je vredno poskusiti, mikroorganizmov in slabih energij je tudi danes vse preveč okrog nas.

Žajbljevo maslo

Maslo je dober medij za maščobotopne učinkovine iz žajblja, tako izvabimo iz rastline prijetne aromatične in zdravilne snovi. Tole je različica zeliščnega masla, za katerega uporabimo sveže liste in cvetove.

250 g masla
1 pest žajbljevih lističev in cvetov
sol, poper

Zmehčano maslo narežemo v posodo in dodamo približno polovico drobno nasekljanih žajbljevih listov in cvetov. Dodamo sol in poper po okusu ter zmešamo z mešalnikom. Maso za kratek čas postavimo v hladilnik, da se nekoliko strdi. Tako jo bomo lažje oblikovali.

Nato na ravni podlagi iz maslene mase oblikujemo valj, ki ga povaljamo v preostanku zmesi iz drobno nasekljanih žajbljevih listov in cvetov. Tako oblikovan masleni valj postavimo nazaj v hladilnik, da se strdi. Nato ga narežemo na rezine.

Žajbljevo maslo se odlično poda k sveže pečenemu kruhu. Postrežemo ga lahko tako, da krožnik z rezinami masla dekoriramo s celimi žajbljevimi listi in cvetovi. Lahko pa ga dodamo tudi v omake, k pečenemu mesu, ribam, v rižoto ali v zelenjavne juhe.

Pripravimo lahko tudi drugačno različico zeliščnega masla. Pri tem uporabimo različne kombinacije zelišč: rožmarin, kraški šetraj, materino dušico, drobnjak, čemaž, česen, ognjič in druge. Uporabimo zeleni del ali njihove cvetove, ki še popestrijo tako okus kot tudi videz. Za še privlačnejši videz lahko na zunanji površini masla uporabimo večji delež cvetov. Uporabimo svojo domišljijo. Zeliščno maslo lahko tudi zamrznemo.

Žajbljevo mleko

Žajbljevo mleko je bilo nekoč tradicionalno zdravilo proti kašlju in bolečemu grlu. Še danes je priljubljeno, še posebej ob večerih, ko želimo spiti nekaj blagodejnega za boleče grlo. Karameliziran sladkor ravno prav izravna grenak okus žajblja.

2 dcl mleka

1 žlica sladkorja

5 listov žajblja

Mleko najprej zavremo. V drugo manjšo posodo vsujemo sladkor in ga počasi karameliziramo. Posodo segrevamo in med mešanjem opazujemo, kako se sladkor najprej raztali, nato pa dobiva vedno bolj rjavo barvo. Ko staljeni sladkor dobi barvo medu, ga odstavimo.

V karamelizirani sladkor počasi dolivamo vroče mleko in mešamo, dokler se ta ne raztopi. Pri tem bodimo previdni, saj je reakcija burna in lahko vse skupaj začne kipeti.
V karamelizirano mleko nato vsujemo drobno narezane liste žajblja in pustimo, da vre še dve do tri minute. Potem odstavimo in precedimo.

Pijemo počasi, precej toplo in po požirkih.

Rožmarin
Rosmarinus officinalis

Moja zgodba

Rožmarin je nepogrešljiva trajnica na vsakem mediteranskem zeliščnem vrtu, v okrasnih gredicah v parkih ali v obmorskih mestih ob sprehajalnih poteh. Ponekod mu pravijo tudi rosa marinus, kar pomeni, da raste ob morju in tudi, da je morska rosa. Menda naj bi najbolje rasel samo do tistega dela morske obale, do kjer se še sliši morje. Danes je razširjen tudi precej dlje, saj ga ljudje gojijo v svojih vrtovih tudi v notranjosti celine. Pozimi, ko so temperature nizke, ga prenesejo v hiše, da tam prezimi ali pa ga kako drugače zaščitijo pred nizkimi temperaturami. Nanje večina vrst namreč ni prilagojena.

Moje druženje z rožmarinom je najbolj pogosto v Poratu, na otoku Krku. Velika škarpa v marini je bogato porasla s plazečo vrsto rožmarina, ki kot slap izteza svoje čvrste veje navzdol preko kamnite stene. Tam se ustavim vedno, ko grem mimo. Opazujem cvetje in lističe, ki odlično uspevajo v sončni obmorski pripeki ter mnoge žuželke, ki so tam na obisku. Tu in tam kakšen listič odnesem s seboj in ga vonjam, ko grem naprej po poti. Hlapne molekule eteričnega olja se hipoma poženejo do mojih živčnih celic in jih poživijo. Zazdi se mi, kot da bi dobila energijsko infuzijo. Počutim se odlično in kava ni več potrebna.

Za svoje zeliščarske potrebe imamo rožmarin ob parkirišču našega obmorskega stanovanja, kjer bujno uspeva že leta. Ko si zamislim jed z rožmarinom, tam preprosto utrgam kakšno svežo vejico. Večkrat sem ga posadila tudi doma na Dolenjskem, vendar se pozna, da se v tem predelu ne počuti najbolje. Morda zato, ker pogreša vonj in zvoke morja, pa je otožen. Trudim se z njim, mu prigovarjam in zanj rezerviram najlepše mesto na soncu. Pozimi ga nosim v klet na toplo, pa kljub temu ne uspeva najbolje. Letos sem ponovno poizkusila. Plazeči rožmarin sem posadila v svoj novi zeliščni kotiček na terasi, pozimi ga bom zaščitila pred mrazom. Zaenkrat mu dobro kaže, upam, da nama tokrat uspe.

Rožmarin najlepše cveti že zelo zgodaj spomladi. Cvetki so nanizani tesno drug ob drugem, tako, da tvorijo vijolične plaščke okrog rožmarinovih stebel. Ob čudovitem pogledu si ne morem kaj in odtrgam vejico cvetočega rožmarina. Odnesem ga v službo, kjer ga dam v vazo na pisalno mizo. Pogled nanj me še dolgo spominja na morje. Ko povonjam njegove lističe, se takoj lažje skoncentriram. Nekoč sem ga imela v vazi toliko časa, da je pognal koreninice, kot bi se želel ukoreniniti kar tam, v moji pisarni ob računalniku.

Rožmarin ima cvetove, ki so po obliki tipični za ustnatice. Kot že ime pove, so kot majcena odprta usteca, skozi katera molijo prašniki. Otroci smo nekoč cvetovom ustnatic rekli kar zajčki, saj spominjajo na zajčja usta. Ko smo kakšnega utrgali in ob njegovem ustju stisnili cvet med prsti, so se usteca odpirala in zapirala ter pri tem iztegovala prašnike. Izgledalo je, kot bi skozi zajčja usteca pomoleli njegovi zgornji zobje.

Poleg rožmarina pa v družino ustnatic sodijo tudi origano, timijan, bazilika, sivka, meta, žajbelj... Tudi njihovi drobni cvetovi so značilne zajčje oblike.

O rastlini

Rožmarin je trajni zimzeleni grm iz družine ustnatic *(Lamiaceae)*, ki navadno zraste do enega metra visoko. Nekatere vrste so plazeče in iztegujejo svoje veje malenkost nad tlemi. Ima olesenele veje in sijoče zelene igličaste lističe, ki po videzu spominjajo na smrekove iglice in so polni aromatičnega olja. Cvetovi rožmarina so navadno modrikasti ali vijolični, nanizani so vzdolž stebla med listki.

Rožmarin navadno gojimo v vrtovih na sončnih legah. Značilen je za mediteransko okolje, kjer zunaj prezimi. Danes uspeva tudi v drugih predelih, a ga je pozimi potrebno prenesti v hišo, saj večina vrst ne prenese zmrzali. Rastlina najbolj intenzivno cveti od februarja do maja.

Zaradi posebnih učinkovin v svojem eteričnem olju je odporen na insekte in plesni. Je zelo aromatična rastlina, grenko kiselkasta, smolnata, pikantna, nasploh prijetnega vonja in okusa. Zaradi tega je priljubljen tako v kulinariki kot tudi v zdravilne namene.

Eterično olje rožmarina sodi med najbolj preučevana olja, v mnogih študijah so dokazovali ugodne učinke njegovih sestavin. Rastlina vsebuje okrog dva odstotka eteričnega olja, ki se pridobiva s parno destilacijo. Glavne sestavine so kafra, cineol, α-pinen, borneol, evkaliptol in druge. Rožmarin vsebuje tudi rožmarinsko, karnozolno in ursolno kislino.

Latinsko ime za rožmarin je *Rosmarinus officinalis*, tuji imeni zanj pa sta *rosemary* (angl.) in *Rosmarin* (nem.).

Zgodovina

V zgodovini so rožmarin uporabljali za celjenje ran in proti revmatizmu.

Povezovali so ga z ljubeznijo in zvestobo, zato so na poročnih slavjih z vejicami rožmarina krasili mladoporočence. Polagali so ga v zibelke otrok, da bi odgnali negativne energije. Z njim so častili spomin na mrtve in ga povezovali z neminljivostjo. Rožmarin je pogosto rasel tudi na mediteranskih samostanskih vrtovih. Nekoč so celo verjeli, da rožmarin raste le na vrtovih pravičnih ljudi.

Študentje starogrških šol so ga vonjali za boljšo koncentracijo, saj je veljal kot zelišče, ki izboljšuje spomin. Za preprečevanje nočnih mor so njegove vejice včasih polagali v postelje pod blazine. Verjeli so, da njegov vonj prinaša uspeh, zato so trgovci z njim dišavili trgovine, da bi bilo poslovanje uspešnejše. Rožmarin se je stoletja uporabljal kot konzervans za meso in druga živila.

V srednjem veku so v času epidemije kuge v bolnišnicah in cerkvah zažigali suhe veje rožmarina, da so z dimom razkuževali zrak v prostorih in zloglasnim bakterijam preprečevali vstop v prostore. Vejice so nosili tudi med hojo po ulicah, da jih je njihov vonj ščitil pred okužbo s kugo in neprijetnim vonjavam.

Na področju Slovenije je nekoč veljalo, da je za tradicionalen šopek potrebno kombinirati rdeče vrtnice in rožmarin. S pomenom teh dveh rastlin je povezana tudi ljudska pesem, ki opeva rožmarin kot rastlino, ki okrepi spomin:

»Kaj pomeni roža rdeča,
kaj pomeni rožmarin?
Roža rdeča je ljubezen,
rožmarin je za spomin.«

Zdravje

Rožmarin se je zaradi svojih močnih antioksidativnih, protivnetnih in antimikrobnih lastnosti že dolga stoletja uporabljal za blaženje različnih zdravstvenih težav. Vsebuje rožmarinsko in karnosinsko kislino, ki delujeta antioksidativno in tako blokirata delovanje škodljivih prostih radikalov v telesu. To ugodno vpliva na preprečevanje številnih kroničnih bolezni.

Od nekdaj je znan po tem, da izboljšuje spomin in koncentracijo. Da dobro vpliva na možgane potrjujejo študije, ki kažejo na pozitivne učinke pri preprečevanju pešanja možganskih funkcij. Njihovo izboljšanje so zaznali tudi pri ljudeh z demenco, izboljšuje tudi stanje pri depresiji.

V neki študiji so dokazali, da so imeli študentje, ki so med izpitom vonjali eterično olje rožmarina, bistveno boljše rezultate kot tisti, ki tega niso počeli. Pa ne le to, dokazali so tudi, da vonjanje eteričnega olja rožmarina zmanjšuje stres in tesnobo pred izpiti, tako, da znižuje nivo stresnega hormona kortizola. V drugi študiji so dokazali, da dvajsetminutno vdihavanje izvlečka cineola, ki se nahaja v eteričnem olju rožmarina, poveča pretok krvi v možganih, kar pa ugodno vpliva na telesne in umske sposobnosti. Študentje, sedaj veste, kaj morate imeti na mizi pred in med izpitom. Steklenička eteričnega olja ali vejica rožmarina je pravi ojačevalnik možganov (angl. *brain booster*).

Rožmarin tudi vzpodbuja delovanje jeter in izboljšuje prebavo. Zaradi antimikrobnega in adstringentnega učinka deluje proti želodčnim razjedam in zmanjšuje vnetja v ustni votlini.

Pomaga ojačati imunski sistem, poveča cirkulacijo krvi. V nekaterih študijah so dokazali tudi njegovo protitumorno delovanje.

Za posebno razvajanje po napornem dnevu si lahko pripravimo rožmarinovo kopel, ki pomaga odpraviti utrujenost. Ko zjutraj vstanemo in nikakor ne pridemo k sebi, pa povonjajmo rožmarin in vonj nam bo pognal energijo v telo ter nas pripravil na nov dan.

Masaža sklepov z razredčenim rožmarinovim eteričnim oljem lokalno pospešuje cirkulacijo krvi in zmanjšuje težave pri revmatoidnem artritisu. V ta namen zmešamo tri kapljice eteričnega olja rožmarina in eno jedilno žlico olivnega ali kokosovega olja ter masiramo boleče predele.

Zaradi antioksidativnih lastnostih ugodno deluje proti škodljivim UV žarkov in s tem povezanim staranjem kože. Pospešuje rast las in preprečuje njihovo izpadanje tako, da ugodno deluje na lasne mešičke. Iz njega lahko pripravimo preliv za lase in jih potemnimo.

Uporablja se tudi kot repelent, saj dokazano odganja komarje, klope in molje. Nosečnicam in mlajšim otrokom se večja uporaba rožmarina odsvetuje.

Kulinarika in drugo

Rožmarin je zaradi prijetnega in izrazitega aromatičnega vonja zelo priljubljen tudi kot začimba v kuhinji. Ima nekoliko pikanten in grenkast okus, ki spominja na mešanico borovih iglic, popra, smole in kafre. Seveda, saj je kafra sestavni del njegovega eteričnega olja, zato jo tudi vonjamo.

Najboljši so sveži listki rožmarina takoj, ko utrgamo vejico iz grma. Lahko pa uporabljamo tudi posušenega. Meni je všeč tudi zamrznjen, saj ohrani precej bolj intenzivno aromo kot suh. Prileže se k mesu, zlasti jagnjetini, piščancu, pa tudi drugim vrstam mesa. Dodamo ga tudi h krompirju v pečici. Zaradi svoje značilne arome daje hrani prijeten priokus po dimu.

Zanimivo je, da so ga že nekoč uporabljali kot sredstvo proti kvarjenju hrane. Deluje namreč proti bakterijam in plesnim, obenem pa zaradi svojih antioksidativnih lastnosti preprečuje oksidacijo in s tem žarkost hrane, ki vsebuje velik delež maščob (na primer slanine in salame). Ob vsem tem daje hrani prijeten, svež vonj. Eterično olje rožmarina se še danes uporablja kot antioksidant.

Ker ima rožmarin zelo intenzivno aromo, ga uporabljamo varčno. Pred uporabo ga lahko sesekljamo, saj so listki precej čvrsti. Ne smemo ga kuhati predolgo, ker postane grenak, zato ga dodajajmo ob koncu kuhanja. Jedi lahko dodamo tudi celo vejico, ki jo po zaključenem kuhanju pred serviranjem odstranimo.

Z vejico rožmarina lahko aromatiziramo olje, ki ga uporabimo za solate ali z njim pokapljamo ovčji sir in olive. Za predjed pripravimo marinirane olive, ki jim dodamo sesekljani rožmarin in druge mediteranske začimbe, jih prelijemo z oljem in kisom ter jih hranimo v hladilniku tudi do nekaj dni. Lahko pripravimo rožmarinovo vino, liker ali aromatizirano sol. Vejico rožmarina lahko damo v pijačo gin tonic; tako dobi poseben grenkast okus in malo zanimivejši videz.

Cvetove rožmarina lahko uporabimo kot okras jedi, za poseben učinek pa jih lahko kandiramo, tako da cvetove pomočimo najprej v stepen beljak in nato v mleti sladkor.

Če ga položimo v kuhinjsko omaro, odganja molje. Če po temeljitem čiščenju hladilnika notranjost popršimo s hidrolatom rožmarina, ta deluje protibakterijsko in prinese osvežilen vonj.

Rožmarinov kruh

0,7 kg moke (pol bele pšenične, pol pirine)
25 g svežega kvasa
4 dcl vode
1 žlica sladkorja
1 čajna žlička soli
solni cvet za posip
1 jajce
1 žlica olivnega olja
10 dkg sira (gauda ali ementalec)
1 vejica svežega rožmarina

Najprej malo segrejemo vodo, dodamo sladkor in žlico moke. V mlačno zmes nato vmešamo kvas, premešamo in pustimo na toplem, da kvas vzhaja.

V večjo skledo presejemo moko, dodamo sol, nato pa vlijemo prej pripravljen kvasec. Zmes najprej vmešamo z leseno kuhalnico, potem pa začnemo testo mesiti z rokami. Če se testo še vedno lepi na steno posode, posujemo še malo moke. Mesimo toliko časa, da nastane enakomeren hlebček, ki ni več lepljiv. Na koncu hlebček pridvignemo, pod njim posujemo še malo moke in prekrijemo s kuhinjsko krpo. Pustimo na toplem, da testo vzhaja.

Velik pekač prekrijemo s papirjem za peko. Vzhajano testo še malo pregnetemo, nato pa ga položimo na papir v pekaču. Testo prelijemo z oljem in ga nato z dlanmi enakomerno razporedimo po celem pekaču. Po testu prelijemo stepeno jajce in ga premažemo po celi površini testa, nato enakomerno posujemo nariban sir. Po vrhu posujemo nasekljane sveže listke rožmarina in solni cvet ali grobo sol. Pečemo v pečici na 170 °C, približno trideset minut.

Pečen kruh narežemo na večje kocke in ga postrežemo samega kot prigrizek h pijači ali skupaj s pršutom, sirom in olivami.

Zeliščni kis

1 l kisa (domači jabolčni)
sveža zelišča (npr. rožmarin, melisa, žajbelj, česen...)

V steklenico ali steklen kozarec položimo cele vejice ali liste zelišč in jih prelijemo s kisom tako, da so popolnoma potopljeni v kis. Zapremo in pustimo stati deset do štirinajst dni, vmes večkrat pretresemo.

Nato precedimo oziroma odstranimo zelišča in zeliščni kis shranimo v steklenico. Zelišč ne puščamo v steklenici, saj bi med odlivanjem kisa prišla v stik z zrakom in se pokvarila.

Zeliščni kis

1 l kisa (domači jabolčni)
sveža zelišča (npr. rožmarin, melisa, žajbelj, česen...)

V steklenico ali steklen kozarec položimo cele vejice ali liste zelišč in jih prelijemo s kisom tako, da so popolnoma potopljeni v kis. Zapremo in pustimo stati deset do štirinajst dni, vmes večkrat pretresemo.

Nato precedimo oziroma odstranimo zelišča in zeliščni kis shranimo v steklenico. Zelišč ne puščamo v steklenici, saj bi med odlivanjem kisa prišla v stik z zrakom in se pokvarila.

PROTI KOMARJEM
sivka, limona,
NATURAL REPELENT
Lavender, Lemon, Eucalyptus,

Gin tonik z rožmarinom

To priljubljeno poletno pijačo lahko pripravimo na čisto svoj način, odvisno od okolja, v katerem se nahajamo in dostopnosti svežih rastlin. Osnova so vedno gin, tonik in led, za ostalo pa se prepustimo domišljiji.

1 merica gina
2 merici tonika
led
rezina limone
vejica svežega rožmarina
rdeči poper

V predhodno ohlajen kozarec damo led, dolijemo gin in tonik. Dodamo rezino bio limone, vejico rožmarina ter nekaj zrnc rdečega popra.

Kadar ta koktajl pripravljam na morju, prijatelje presenetim še s kakšnim neobičajnim dodatkom, ki ga najdem v obmorskem okolju. Včasih je to list žajblja, ali pa so to zarezane brinove jagode, cvetoča vejica mirte, sivke, smilja ali kraškega šetraja. Tako dobimo prav posebno mediteransko različico priljubljenega poletnega koktajla. Med srkanjem pijače lahko za še boljši okus kakšen listič rožmarina ali drugega zelišča tudi pogrizljamo.

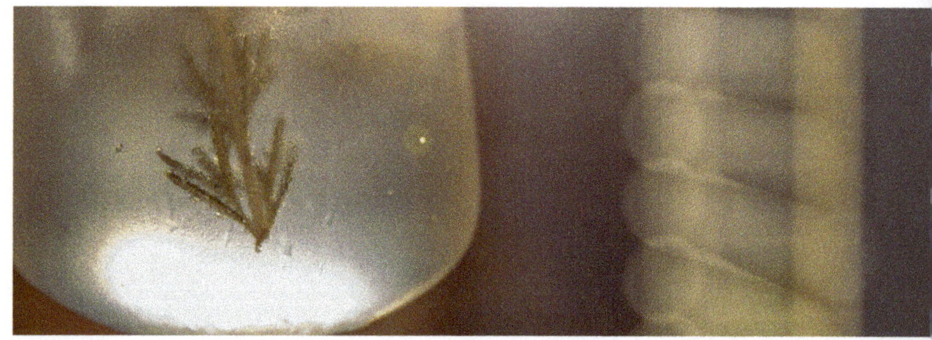

Melisa

Melissa officinalis

Moja zgodba

Skromna, tiha, nevpadljiva melisa. Po ničemer ne izstopa; ne po velikosti, ne bo obliki ali barvi listov, še cvetovi so komaj opazni. Za rast ji zadostujejo preprosta tla. Do izraza pride šele takrat, ko se ustavimo in odtrgamo listič. Šele takrat ima priložnost pokazati svoje čare, ko presenetljivo lepo zadiši. Mnogi melise ne prepoznajo z gotovostjo. Največkrat so v dvomih ali gre za meliso ali meto, saj v zeliščnih vrtovih pogosto rasteta blizu skupaj. Želite praktičen nasvet, kako najbolj enostavno in hitro zaključiti dilemo? Odtrgajte list, ga pomečkajte med prsti in povonjajte; če vonj spominja na limono, je to melisa, če pa vonjate mentol, je to meta.

Moje druženje z meliso je povezano s sprehodi na Otočcu, vse do bližnjega Starega gradu. Ta je od svojega nastanka v 13. stoletju zamenjal že mnogo lastnikov. Sedaj že več desetletij nihče ne živi v njem. Sedanji lastniki so ga pred propadanjem zaščitili z novo streho, tako da grad navzven še danes kaže svojo častitljivo podobo. Priljubljena pešpot, kjer se danes rekreiramo okoliški prebivalci, vodi proti gradu skozi gozdiček. Tam se še vidijo ostanki nekoč utrjene kamnite poti. V kamnitih skrivališčih okrog gradu živijo modrasi, kot da bi stražili grad. Vemo, da so tam, zato se sprehajamo previdno in spoštujemo prisotnost drug drugega.

Na južni strani gradu je poseka, ki se strmo spušča, preko nje pa od gradu navzdol skozi gozd vodi stara kamnita cikcakasta pot proti potoku Lešnica. Po tej poti so nekoč hodili prebivalci gradu v dolino do svojih njiv in do potoka po vodo. Še danes se vidi naravna kamnita ploščad, kjer je voda zlizala kamen in oblikovala tolmunček, kjer so se verjetno nekoč kopali in prali perilo. Na poseki pod gradom spomladi vedno najprej pokukajo zvončki, saj prisojna stran ponuja lepo in toplo zavetje. Z gradu se vidi pogled na naselja pod gradom, njive in travnike v dolini ter na bližnje hribe Gorjance. Graščaki so nekoč res vedeli, kam je treba postaviti gradove.

Ob kamniti grajski poti, na predelu, ki meji na poseko, raste melisa. In to ne le eden, ampak mnogo grmičkov melise. Spraševala sem se, od kje melisa ob tej zapuščeni graščini? Morda je bil na tem mestu nekoč zeliščni vrt, v katerega jo je posadila katera od grajskih prebivalk. V tistih časih sta imela vsak grad in vsaka domačija svoj zeliščni vrt. Verjetno so bile tam tudi druge rastline, ampak je do danes ostala le melisa, saj je zelo nezahtevna glede pogojev za rast. Najbrž se je v dolgih letih sama razsejala naokrog, na kar kažejo grmički, ki so nametani brez nekega reda. Verjetno se je z leti travna ruša krušila in valila v dolino, z njo pa tudi koreninice melise, ki so nižje po pobočju našle svoje novo rastišče. In tako so čudovito rasle vsa stoletja še naprej, kot bi bila melisa edina še živeča potomka grajskega življenja.

Ko pridem do gradu, se vedno ustavim pri melisi in odtrgam list ali vršiček. Takoj zavonjam njen značilen pomirjujoč svež vonj, ki spominja na limone. Napetosti, ki so se v meni nabrale tistega dne, se kar naenkrat razblinijo. Samo uživam v čudovitem razgledu, svežem zraku, soncu in vonju melise. Vase srkam lepo pomirjujočo energijo narave. To je moja terapija za dušo, po to sem prišla.

Vršiček melise spravim v žep in grem dalje. Moja pot vodi mimo gradu po sosednjem strmem hribu navzgor proti vasi, kjer preizkusim svojo fizično vzdržljivost. Tam se zares globoko nadiham, ko srce in pljuča prestavita v višjo prestavo. Počutim se dobro. Potegnem meliso iz žepa in jo vmes večkrat povonjam, saj se mi zdi, da mi njena svežina pomaga hitreje priti na vrh. Na vrhu se ustavim in ozrem navzdol na Stari grad, na reko Krko, na naselje Otočec in sosednjo Trško goro. Srečna sem in hvaležna za to, da lahko živim na tako čudovitem koščku sveta.

Da, tudi jaz imam svoj zeliščni vrt. Letos smo vrt okrog hiše preuredili, moja zelišča pa so dobila svoje častno mesto na posebnem delu, ki je oblikovan kot dvignjena terasa. Tam je od jutra do večera dovolj sonca. Tudi grajska melisa je tukaj. Že pred leti sem koreninico melise iz Starega gradu presadila v svoj vrt, saj sem želela imeti njeno potomko. Potomko melise, ki jo redno obiskujem na Starem gradu. Na mojem vrtu ji je očitno zelo všeč, saj prečudovito raste. Družbo ji delajo še druga zelišča, ki sem jim namenila mesto tukaj. To so ognjič, žajbelj, meta, timijan, origano, sivka, šetraj, peteršilj, zelena, luštrek, smilj, pehtran, kapucinka in drobnjak. Veliko jih je, a imam še nekaj prostora, ki ga nameravam uporabiti še za druga zelišča.

Svoj vrt obiščem vsak dan, včasih tudi večkrat na dan. Ob nedeljah zjutraj se s skodelico kave v roki rada sprehodim do moje zeliščne terase in uživam ob pogledu nanjo. Pobožam liste, odtrgam kakšno vejico ali cvet in jih povonjam. Izpulim plevel, ki ne sodi tja in se v mislih pogovarjam z rastlinami. Moje prijateljice so in nikoli me ne razočarajo. To je moj kotiček in moj svet. Tja grem, kadar želim biti sama z mojimi rastlinami.

Kadar grem na vrt po zelenjavo, mimogrede odtrgam še nekaj melisinih listov, jih kar takoj dodam v limonado ali pa jih uporabim za dekoracijo sladice. Včasih liste narežem po solati. Iz svežih listov naredim čaj za pomirjanje in boljši spanec ali pa natrgam šopek (tudi, če še ne cveti) in ga dam v vazo za okras.

O rastlini

Melisa je trajnica iz družine ustnatic *(Lamiaceae)*, zraste kot grm, visok trideset do petdeset centimetrov. Listi so ovalni, z vidnimi listnimi žilami, ob robovih pa so nazobčani. Njihova površina se sveti, kot bi bila pološčena. Steblo je razvejano, kvadratno in posuto z drobnimi dlačicami. Cveti od julija do avgusta, cvetovi so drobni, komaj opazni, beli do rahlo rumeni, značilne oblike za ustnatice.

Liste melise naberemo tik pred cvetenjem. Njena aroma pride najbolj do izraza ravno pri svežih rastlinah. Posušeni listi melise nimajo več tako prijetnega vonja.

Razširjena je v Evropi, Ameriki, severni Afriki, Aziji, danes jo gojijo praktično po celem svetu. Največkrat ima svoje mesto v zeliščnih vrtovih ob hišah, obstajajo pa tudi veliki nasadi melise.

Latinsko ime *Melissa officinalis* izhaja iz grške besede melissa, ki pomeni čebela ali med, saj s svojim vonjem zelo močno privablja čebele. Včasih jo čebelarji celo uporabljajo, da privabijo roj čebel v panj.

Beseda *officinalis*, ki se pojavlja na drugem mestu latinskih imen zdravilnih rastlin, pa pomeni, da imajo te rastline tradicionalno uveljavljeno uporabo za lajšanje zdravstvenih težav. V srednjem veku so rastlinske pripravke namreč izdelovali v posebnih prostorih, prvih farmacevtskih laboratorijih, ki so bili navadno poleg samostanskih zeliščnih vrtov, ki so jim rekli officina.

Eterično olje melise je zelo dragoceno, saj ga ima rastlina zelo malo, le 0,06 - 0,4 %. Najbolj značilna sestavina eteričnega olja, ki ima vonj po limoni, je citroneal, poleg nje pa olje vsebuje še geranial in neral. Melisa vsebuje tudi rožmarinsko, oleanolno, ferulično in kofeinsko kislino.

Melisa se v latinščni imenuje *Melissa officinalis*, druga imena za meliso pa so še matičnik, medeni list, aselnica. Zaradi značilnega vonja listov, ki spominja na limono, so tuja imena za meliso *lemon balm* (angl.) in *Zitronen Melisse* (nem.).

Zgodovina

Meliso so uporabljali že stari Grki in Rimljani pred več kot 2000 leti, ponekod so ji rekli medeni list ali srčna zel. V srednjem veku je bila njena uporaba že zelo razširjena, zlasti proti nespečnosti, nervozi, srčnim in prebavnim težavam. Paracelsus jo je poimenoval kar »eliksir življenja«, saj je zagovarjal, da je melisa zdravilo proti staranju in tonik za splošno krepitev telesa.

V srednjem veku so meliso uporabljali za izboljšanje apetita, za lajšanje težav povezanih s slabo prebavo ter tudi za izboljšanje spanja in zmanjšanje utesnjenosti.

Melisa je glavna sestavina še danes poznane Karmeličanske melisine vodice *(Eau de Melisse)*, ki so jo okrog leta 1400 začele delati nune. Gre za alkoholni izvleček melise in nekaterih drugih rastlin, uporabljala pa se je kot eliksir mladosti za vračanje energije. Pripravljale so jo za že postaranega francoskega kralja in nekatere druge grajske pomembneže, da bi si povrnili zdravje in vitalnost. Ta pripravek, ki je imel prijetno svežo citronasto aromo, je postal tako priljubljen in iskan, da so ga začeli proizvajati za prodajo. Gre za prvi zeliščni pripravek, ki se je prodajal na trgu. Njegovo sestavo so dolgo skrivali, znano je bilo le to, da vsebuje štirinajst sestavin. Danes vemo, da je šlo za alkoholni ekstrakt, ki je poleg melise vseboval še korenino angelike, lupino limone, kamilico, semena koriandra, muškatni orešček, žajbelj, sivko, cimet, klinčke in nekatere druge rastline.

Naj na tem mestu omenim še zelo priljubljene preproste bombone z okusom melise, ki se jih moja generacija še nostalgično spominja. Melisnice so bile izdelane iz mletega sladkorja, izvlečka melise in zelenega barvila. Naše babice so jih včasih hranile v posebnih posodicah, dobro skrite in ob posebnih priložnostih z njimi razveseljevale svoje vnuke.

Zdravje

Melisa je zelo znana po svojem pomirjevalnem učinku; sprošča psihično napetost, uporablja se proti nespečnosti, anksioznosti, pa tudi pri hiperaktivnosti otrok. Skodelica melisinega čaja je nekaj, kar si lahko privoščimo za sprostitev po napornem dnevu v službi. Najboljši je čaj iz svežih listov, lahko pa dodamo še malo kamilice in sivke. Ali pa si zvečer pred spanjem privoščimo melisino kopel za boljši spanec. Pripravimo petdeset do šestdeset gramov melisinih listov, jih prelijemo z litrom vrele vode in pustimo stati deset do petnajst minut. Nato precedimo in tekočino zlijemo v vodo za kopel.

Liste nabiramo pred cvetenjem, za poparke pa uporabimo sveže ali posušene liste.

Melisa sprošča mišice prebavnega trakta, zato se uporablja proti krčem v črevesju in za pospeševanje prebave. Čaj melise deluje tudi proti menstrualnim bolečinam.

Melisa ima dokazano antivirusno delovanje, zlasti proti virusu Herpes simplex. Mazilo ali melisino olje (macerat ali eterično olje, razredčeno z nevtralnim oljem) nanesemo na pekoč izpuščaj na ustnicah, ki je posledica delovanja virusa. Tako je zdravljenje precej hitrejše, pekoč občutek pa manj nadležen.

Melisa ima tudi protibakterijsko in antioksidativno delovanje, zato se jo priporoča za nego razdražene in vnete kože, pri aknah ali za čiščenje obraza.

Kulinarika in drugo

V kuhinji je najbolje uporabljati svežo meliso, saj ima v sebi največ arome, zato priporočam, da ji poiščete prostor na svojem vrtu ali v lončku na okenski polici.

Sveže liste melise grobo narežemo in jih za nekaj časa potopimo v vrč hladne vode, tako na enostaven način dobimo vodo z okusom. Lahko ji dodamo sveže liste mete ali limonin sok. Vodi z listi melise lahko dodamo še bezgov, metin sirup ali sirup materine dušice. Če si zaželimo sladko pijačo, pa lahko na enak način, kot je v tej knjigi opisana izdelava bezgovega sirupa, naredimo sirup z okusom melise (le namesto bezgovih cvetov uporabimo liste melise).

Sveže liste dodamo solatam ali jih uporabimo v smoothiju s sadjem in zelenjavo. Lahko jih dodamo v sorbet ali sadno solato. Preizkusimo lahko tudi čudovito kombinacijo melise in jagod.

Drobno narezane liste damo v kolač, v nadev za melisino potico ali v mafine. Dodamo jih lahko k omaki za testenine ali v omleto. Uporabimo jih lahko za namaz s pasirano skuto in z njimi začinimo meso.

Zelo okusen je melisin pesto, ki ga naredimo in uporabljamo na enak način kot pesto z baziliko ali čemažem. Melisa se dobro kombinira z nekaterimi začimbami: z meto, peteršiljem, timijanom in poprom. Lepe melisine vršičke uporabimo za dekoriranje glavnih jedi in sladic.

Liste melise pa lahko tudi zamrznemo ali posušimo, vendar ob tem izgubi precej arome. Suho meliso lahko zmeljemo v prah in jo uporabljamo podobno kot druge suhe začimbe.

Melisa se zaradi vsebnosti citronelala uporablja tudi za odganjanje insektov. Hitra, enostavna in naravna metoda, ko nimamo pri roki pršila proti komarjem, je naslednja: liste sveže melise pomečkamo med prsti in z njimi podrgnemo po izpostavljenih predelih kože. Na vrtu pa melisa privablja čebele, ki oprašujejo ostale rastline – to je nujno za dober pridelek.

Melisin ledeni čaj

1 liter vode
3-4 žlice svežih listov melise
2 žlici rjavega sladkorja
1 bio limona
ledene kocke

Vodo zavremo in vanjo stresemo oprane, grobo narezane liste melise. Odstavimo, pokrijemo in pustimo stati deset do petnajst minut. Potem čaj precedimo, dodamo sladkor in lonec postavimo v hladno vodo, da se čim prej ohladi.

Limono razpolovimo; eno polovico narežemo na koščke, iz druge pa iztisnemo sok. Ko se čaj nekoliko ohladi, oboje dodamo. Limoninega soka ne dajemo v čaj, ko je ta še vroč, saj s tem izgubimo veliko vitamina C (askorbinska kislina), ki je občutljiv na visoke temperature.

Čaj prelijemo v vrč in postavimo v hladilnik, da se dobro ohladi. Pred serviranjem dodamo še led in dekoriramo z listi sveže melise.

Sladkor lahko zamenjamo z medom, ali pa ga enostavno izpustimo.

Ta ledeni čaj se še posebej prileže v vročih poletnih dneh, ko delamo na vrtu, se v vročem avtu pripeljemo iz službe domov ali ko pridemo s plaže.

Skutni zavitek z meliso

2 zavitka razvaljanega listnatega testa
500 g skute
50 g masla
3 jajca (2 za nadev, 1 za premaz)
75 g sladkorja
1 vaniljev sladkor
1 limona
večji šopek sveže melise

Liste melise operemo in grobo narežemo, nekaj listov prihranimo za okras. V posodi zmešamo zmehčano maslo, sladkor, dva rumenjaka, limonino lupinico in vaniljev sladkor (ali še bolje ekstrakt burbonske vanilje). Nato vmešamo skuto, narezano meliso in sok ene limone. Iz dveh beljakov naredimo sneg in ga počasi vmešamo v maso za nadev.

Listnato testo razgrnemo in ga enakomerno premažemo s polovico pripravljenega nadeva. Testo zvijemo z nadevom v enakomeren zavitek in ga položimo v pekač, ki smo ga pred tem prekrili s papirjem za peko. Enako ponovimo še z drugim zavitkom testa in ga položimo v pekač poleg prvega. Zavitka enakomerno premažemo s stepenim jajcem, ki mu za lepši lesk lahko dodamo še žlico smetane. Po celotni dolžini zavitka večkrat prebodemo z zobotrebcem ali vilicami. Pečemo pri 170 °C, petinštirideset minut.

Ko je zavitek pečen, počakamo, da se malo ohladi. Nato ga narežemo na kose in pred serviranjem še dekoriramo z listom ali vršičkom sveže melise.

Črni bezeg

Sambucus nigra

Moja zgodba

Črni bezeg je med ljudmi precej poznana samonikla rastlina. Prijetno aromo njegovih cvetov lahko na različne načine prelijemo v okusne pijače in sladice.

Bezeg me spremlja že od otroštva, ko sem, skupaj s sestro Renato in mamo, spomladi hodila nabirat bezgove cvetove na grm, ki je rasel ob robu bližnjega gozda. Grm je bil poln drobnih smetanovo belih cvetov, združenih v večje kobule. Na grmu so sedeli kot čipkasti dežnički in iztezali svoje glavice proti soncu. V košaro smo nabrale najlepše cvetove, ki jih je grm premogel in smo jih še uspele doseči. Veje smo potegnile nižje k sebi, da smo tako lahko dosegle več cvetov. Tisti najlepši, ki so bili navadno prav na vrhu, so bili nedosegljivi in smo jih lahko samo od daleč občudovale.

Doma pa nama je mama iz cvetov pripravila čudovito sladico - ocvrte bezgove cvetove. Pripravila je testo, podobno palačinkam. Vsak bezgov cvet posebej je prijela za pecelj, ga pomočila v testo in ga takoj položila v vroče olje. Ko so bili cvetovi rjavkasto zapečeni, jih je vzela ven, položila na krožnik in posula z mletim sladkorjem. Tako ocvrte cvetove sva s sestro pojedli takoj, še tople. Ta vonj me še danes spominja na prijetne občutke iz otroštva in mi je zato še posebej ljub.

Grm bezga sedaj raste tudi pri nas doma v živi meji, ki jo vzdržujemo skupaj s sosedom. Tam se je zasadil kar sam in sosed je predlagal, da ga pustimo rasti, saj bomo tako vsi imeli dovolj cvetov za čaj. Sedaj, po več kot desetih letih, je ta bezeg zrasel v čudovit grm. Tukaj ima dobre pogoje za rast. Veje razteza navzgor mimo hiš, da bi cvetovi dosegli čim več sonca. Vsako pomlad požene lepe, čvrste cvetove, ki pa jih ne nabiramo za čaj. Raje ga imamo za okras ter ga občudujemo in vonjamo. Večkrat stopim do grma, primem cvetoč kobul in ga povonjam. Kako zanimiv vonj; svež, sladkast, malo spominja celo na muškat. Kadar imamo v hiši odprta okna, se ta vonj privije v prostore in občutek je, kot bi zrak v njih popršili z bezgovim parfumom. Potem do zgodnje jeseni vsak dan opazujemo, kako se iz cvetov razvijajo plodovi in postajajo vse bolj temni in bleščeči. In tako se cikel vsako leto ponavlja, kar nam je v veliko veselje. Kdo ve, mogoče pa tistim, ki ga pustijo rasti, res prinaša srečo in varuje njihovo hišo, kot so verjeli nekoč.

O rastlini

Črni bezeg je listopadni grm, ki najpogosteje raste ob gozdnih obronkih ali ob plotovih starih hiš. Potrebuje namreč veliko svetlobe. V višino zraste do deset metrov, lahko je oblikovan kot grm ali kot manjše drevo. Sodi v družino pižmičevk *(Adoxaceae)* in bezgovk *(Sambucaceae)*. Stebla imajo hrapavo sivkasto skorjo. V sredini je stržen, to je rahla gobasta struktura, ki jo lahko iz odsekane veje enostavno odstranimo.

Listi so veliki od deset do trideset centimetrov in so pernato razčlenjeni. Majhni cvetovi so kremno bele barve in imajo izrazito rumene prašnike, združene v deset do petnajst centimetrov velika ploščata socvetja. Bezeg cveti od pozne pomladi do začetka poletja. Plodovi, ki so podobno kot cvetovi združeni v kobule, so bleščeče črno-vijolične barve. Veliki so pet do šest milimetrov, dozorijo septembra in vsebujejo temen sok.

Užitni so le cvetovi in toplotno obdelani plodovi črnega bezga. Stebla, listi, skorja in surovi plodovi niso užitni, saj vsebujejo cianogene glikozide, ki so v velikih odmerkih strupeni. Iz njih pod določenimi pogoji nastane cianid, ki je toksin in povzroča slabost, bruhanje in drisko. Najpogosteje se uporabljajo sveži cvetovi, iz katerih pripravljamo sladice in sirup, posušeni cvetovi pa se uporabljajo za čaj, saj imajo zelo prijetno aromo. Preden jih uporabimo, iz cvetov čim bolj odstranimo stebelca. Uporabljajo se tudi prekuhane zrele jagode.

Bezgovo cvetje nabiramo v suhem in sončnem vremenu, ko so cvetovi polno odprti in brez porjavelih delov. Izbiramo lepa, čvrsta socvetja in ob tem pazimo, da na stebelcih pod cvetovi ni drobnih črnih uši ali drugih žuželk. Te zelo rade poiščejo zatočišče v zavetju bezgovih cvetnih kobulov. Cvetje nabiramo na rastlinah, ki rastejo čim bolj stran od cest, sprehajalnih poti in objektov, ki bi lahko povzročili onesnaženje. Naberemo le toliko, kot potrebujemo. Če imamo na voljo več grmov, iz vsakega naberemo po nekaj cvetov. Nekaj pa jih še pustimo, da se bomo jeseni lahko vrnili še po plodove.

Cvetove posušimo tako, da najprej porežemo peclje čim bližje cvetovom. Potem jih posušimo v senci ali v namenskem sušilniku in jih večkrat nežno obrnemo, da se iz vseh strani dobro presušijo. Tako ne bodo potemneli in ne bo nastala plesen. Ohranili bodo veliko arome in lepo rumenkasto barvo. Uporabimo jih lahko v čajnih mešanicah proti prehladu, samostojno ali z drugimi ne tako aromatičnimi zelišči, za izboljšanje vonja in okusa. V čaju proti prehladu se pogosto nahajata lipa in bezeg.

Užitni so tudi zreli bezgovi plodovi, ki jih nabiramo septembra in sicer šele takrat, ko so popolnoma zreli. Pred uporabo moramo plodove obvezno prekuhati. Po toplotni obdelavi niso več toksični, njihov okus pa se še izboljša. Uporabljajo se za sok, sirup in marmelado.

Cvetovi in plodovi črnega bezga vsebujejo veliko flavonoidov, ki rastlini dajejo barvo in so močni antioksidanti. Vsebujejo antocianidine, kvercetin, rutin, kumarno kislino, klorgensko kislino, cianogeni glikozid sambunigrin, pa tudi veliko vitaminov C, A in B, folno kislino, železo, kalij, pektin in tanine.

Črni bezeg je razširjen je po celi Evropi, severni Ameriki in Aziji.

Latinsko ime za črni bezeg je *Sambucus nigra*, druga imena pa so še bezga, zobovec in baživina. V angleščini se imenuje *elder*, v nemščini pa *Holunder*.

Zgodovina

Miti o črnem bezgu so si zelo nasprotujoči, saj po eni strani govorijo o tem, kako so se ga ljudje bali, po drugi pa, kako so ga uporabljali za zaščito pred zlom. Bezeg je nekoč veljal za drevo smrti, povezoval naj bi podzemni in nadzemni svet. Veljal je za čarovniško rastlino, saj naj bi ga čarovnice uporabljale za svoje vragolije, obenem pa so ga ljudje uporabljali za zaščito pred uroki. Bezgovega lesa niso nikoli kurili, ker so verjeli, da to prinaša nesrečo. Verjeli so tudi, da v njem živijo vile in da kdor bezeg poseka, hudo zboli. Kdor zaspi pod bezgovim grmom, vidi plešoče vile.

Iz bezgovega lesa niso nikoli delali pohištva, še posebej ne zibelk, da to otroku ne bi prineslo nesreče. Ker so verjeli, da v njem živijo dobri duhovi, so ga sadili ob hišah. Včasih so njegove veje zatikali pod streho, da je dom in stanovalce varoval pred nesrečo, tatovi, zlimi duhovi in uroki. Bezeg so nekoč sadili ob hišah tudi zato, da je njegov močan vonj odganjal muhe in drug mrčes.

V srednjem veku so bezeg uporabljali kot sredstvo za pospeševanje potenja pri prehladih in za izkašljevanje, kot diuretik, za zdravljenje kožnih vnetij in opeklin. Bezgovo skorjo so uporabljali kot odvajalo. Ker se bezeg uporablja v številne zdravilne namene in je vsakomur dostopen zastonj, so mu ponekod rekli kar »skrinja zdravil za kmete«.

Zdravje

Posušeni bezgovi cvetovi se pogosto uporabljajo v čaju za lajšanje gripe, bronhitisa in prehlada, saj bezeg dokazano pospešuje potenje in znižuje povišano telesno temperaturo. Poleg tega pomaga pri izkašljevanju tako, da povečuje izločanje sluzi in obenem utrjuje sluznico v žrelu. Zaradi velike vsebnosti antioksidantov in vitaminov v cvetovih in jagodah, bezeg krepi imunski sistem in zmanjšuje vnetja v organizmu.

Ohlajen poparek bezga se lahko uporablja za izpiranje vnetih oči ali vnete in srbeče kože. Mazilo iz izvlečka bezgovih cvetov, olivnega olja in čebeljega voska je eno najstarejših zdravil za lajšanje opeklin in poškodb na koži. Pomaga pri sladkorni bolezni in senenem nahodu ter pospešuje prebavo.

Znanstvene študije so potrdile delovanje črnega bezga proti nekaterim virusom (virus influence) in bakterijam, kot učinkovita podpora imunskemu sistemu, vpliv na zniževanje sladkorja in sečne kisline v krvi ter na zaščito pred škodljivim delovanjem UV žarkov.

Kulinarika in drugo

Najbolj priljubljen izdelek iz bezgovih cvetov je sirup. Na našem območju ga spomladi delajo skoraj pri vsaki hiši. Šele v zadnjih letih ga je možno dobiti tudi v supermarketih. Priljubljeno je tudi ocvrto bezgovo cvetje.

Pripravimo lahko tudi bezgove palačinke in sicer tako, da navadnemu testu za palačinke dodamo pest svežih bezgovih cvetov brez stebelc. Premešamo in naredimo palačinke, ki so nekoliko debelejše od običajnih. Za popoln užitek lahko po že pečenih polijemo bezgov sirup.

Bezgova šabesa je odlična peneča pijača v poletni vročini. Pripravimo jo iz bezgovih cvetov, kisa, vode, sladkorja in limoninega soka. Bezgov sirup lahko dodamo v sorbet iz borovnic ali malin in tako pričaramo zanimivo kombinacijo okusov. Sirup lahko uporabimo namesto sladkorja pri pripravi testa in krem za torte ali druge sladice. Lahko ga uporabimo v tudi koktajlih. Sveže bezgovo cvetje dodajamo kompotom in marmeladam ali pa naredimo okusen bezgov kis. Iz prekuhanih plodov lahko pripravimo marmelado, sok ali sirup.

Plodovi so izredno močne črno-vijolične barve, zato jih ponekod uporabljajo tudi za pridobivanje živilskega barvila. Poskusite obarvati smetanov nadev za rolado z nekaj žličkami vijolične bezgove marmelade.

Hladno stiskano olje bezgovih semen lahko uporabimo v kozmetične namene tako, da ga nanesemo neposredno na kožo ali pa vgradimo v negovalne kreme za obraz in telo.

Z bezgovimi listi lahko iz vrta odganjamo polže, saj jim bezeg zelo smrdi. Liste bezga razporedimo med gredicami.

Bezgov sirup

40 bezgovih cvetov
2 l vode
2 kg sladkorja
3 bio limone
40 g citronske kisline

Vodo zavremo, dodamo sladkor in ga raztopimo v vreli vodi. Dobljeni sladkorni sirup ohladimo na sobno temperaturo.

Sveže nabrane bezgove cvetove pregledamo, odstranimo morebitne žuželke in odstranimo peclje tako, da jih odrežemo čim bližje cvetu. Cvetov ne peremo v vodi, saj bi s tem odstranili preveč aromatičnih sestavin.

V ohlajeni sladkorni sirup vmešamo tako pripravljene bezgove cvetove, rezine dveh limon, sok ene limone in citronsko kislino. Vse skupaj dobro premešamo, pokrijemo s pokrovom in pustimo stati na hladnem od dva do tri dni, da se macerira. Vmes večkrat premešamo.

Sirup nato precedimo skozi zelo fino cedilo ali skozi gazo, ga pretočimo v čiste, dezinficirane steklenice in dobro zapremo s pokrovčki. Steklenice dezinficiramo v pečici tako, da jih petnajst do dvajset minut ogrevamo pri temperaturi 140 °C. Pokrovčke pa po notranji strani obrišemo s 70-odstotnim etanolom.

Iz bezgovega sirupa pri nas najpogosteje pripravljamo prijetno poletno osvežitev tako, da ga razredčimo z mrzlo vodo z mehurčki ali brez, mu dodamo še limonin sok, liste mete in melise. Dodamo lahko še cvetove oslada ali kakšne druge aromatične rastline. V tistih najbolj vročih dneh pa dodamo še ledene kocke.

Jogurtove miške z bezgom

Z mešalnikom umešamo jajca, sladkor ali bezgov sirup, dodamo jogurt, ekstrakt vanilje, naribano limonino lupinico in sol ter premešamo. Dodamo še moko in pecilni prašek ter ponovno premešamo. Bezgovim cvetovom porežemo stebla, nato pa cvetove z rahlimi gibi ročno umešamo v maso.

Segrejemo olje za cvrenje in z jedilno žlico zajamemo maso. Z drugo žlico nekoliko poravnamo obliko, da je čimbolj okrogla, nato pa maso spustimo v ogreto olje. Miške imajo tako ime zato, ker pri prenašanju testa iz žlice v olje vedno ostane majhen repek zaostalega testa. Potrudimo se, da bo oblika čim lepša – osrednji del na bo enakomerno okrogel, z majhnim stranskim repkom.

Miške med peko večkrat obrnemo, da se enakomerno zlatorumeno zapečejo. Običajno pečemo od pet do sedem minut. Nato jih poberemo iz olja in položimo na papirnate brisače, da se odvečno olje popivna. Miške še tople prelijemo z bezgovim sirupom ali posujemo s sladkorjem v prahu.

2 lončka navadnega jogurta
4 jogurtove lončke moke
1 pecilni prašek
4 jajca
4 žlice sladkorja ali 8 žlic bezgovega sirupa
nekaj kapljic ekstrakta vanilje
bio limonina lupinica
1-2 pesti svežih bezgovih cvetov
ščep soli
0,5 l olja za cvrtje
mleti sladkor za posipanje

Bezgova marmelada z jabolki

Bezgova marmelada je zelo bogata z antioksidanti in prav posebnega okusa. Lahko je zdrava in zanimiva popestritev naših zajtrkov.

0,5 kg zrelih bezgovih jagod
2 jabolka
0,5 kg želirnega sladkorja (1:1)
sok ½ limone

Pri pripravi marmelade je najbolje, da imamo rokavice, saj je barvilo iz bezgovih jagod zelo intenzivno temne barve.

Zrele bezgove jagode posmukamo iz vejic kobula, operemo in stresemo v lonec. Jabolka olupimo, narežemo na krhlje in dodamo k bezgovim jagodam. Dodamo še limonin sok. Ob stalnem mešanju kuhamo približno deset minut. Potem maso v loncu pretlačimo s tlačilko, ki jo uporabljamo za pire krompir, nato pa jo prepasiramo skozi sito, da odstranimo semena.

Tekočini, ki pride preko sita, dodamo sladkor z želirnim sredstvom in ob stalnem mešanju kuhamo še deset minut oziroma po navodilu na embalaži.

Marmelado nato pretočimo v čiste in dezinficirane kozarce ter pokrijemo s pokrovčki, ki smo jih z notranje strani obrisali s 70-odstotnim etanolom. Pokrijemo s prtom in pustimo, da se marmelada počasi ohladi.

Ognjič

Calendula officinalis

Moja zgodba

Ognjič. Že ime spominja na ognjeno rumeno barvo, ki je značilna za cvetove te rastline. Dolgo sem ga uporabljala samo za okras. Doma smo ga gojili okrog hiše na okrasnih gredicah ali kar v zelenjavnem vrtu, kjer je odganjal škodljivce. Pogosto sem ga vključila v šopke cvetja, skupaj z drugimi cveticami, ki sem jih nabrala na gredici. V bivalnih prostorih imam rada sveže cvetje, saj čutim, kako v prostor prinaša prijetno energijo.

Pred nekaj leti pa me je doletela težka preizkušnja, ki mi je življenje postavila na glavo. Ko sem prišla do spoznanja, da mi je vendarle dana nova priložnost, sem jo želela bolje izkoristiti. Res je, tako kot pravijo, človeku se mora zgoditi nekaj hudega, šele potem je sposoben ponovno oceniti prioritete in svoje življenje korenito spremeniti. V tem procesu sem prišla do točke, ko sem se končno vprašala: »Kaj bi me v življenju, poleg tega, kar delam sedaj, še osrečevalo? Kaj bi rada počela samo za svojo srečo, za svojo dušo? Kaj me v resnici še veseli? Ali imam še kakšno poslanstvo?«

In odgovor je bil kmalu na dlani. Tako sem prišla do svojih novih hobijev – zdravilnih rastlin in naravne kozmetike. Rastline so me pritegnile predvsem zaradi svojih blažilnih vplivov na zdravstvene težave in zaradi zanimivih možnosti uporabe v kulinariki, pa tudi v naravni kozmetiki. Všeč mi je bila ideja o kozmetiki iz svežih in naravnih sestavin, ki uspevajo v našem okolju. Kmalu je vse to tudi postalo del moje nove stvarnosti.

Zdravilne rastline me po zaključenem študiju farmacije vrsto let sploh niso pritegnile. V času študija sem opravila izpit iz farmakognozije, ki je veda o zdravilnih rastlinah, vendar se temu področju kasneje nikoli nisem posebno posvečala. Sploh ne razumem, zakaj. Zakaj me že prej ni bolj pritegnilo? Strokovna pot me je v življenju pač zanesla na drugo, sosednje področje. Očitno pa me je farmakognozija vsa ta leta nekje potrpežljivo čakala. Sedaj sem jo ponovno odkrila, zdaj je postala moj hobi. Pred kratkim sem našla celo svoje stare študijske zapiske, ki sem jih po izpitu shranila. Mogoče sem že takrat slutila, da mi bodo nekoč spet prišli prav. Sedaj, po mnogih letih, sem jih ponovno preštudirala in to v popolnoma drugi luči. Hitro sem si priklicala vsebine iz spomina. Spomnila sem se naslovov poglavij, podčrtanih besed, opomb ob robu zapiskov, ki sem si jih delala med pripravo na izpit. Ponovila sem stare vsebine in se naučila še veliko novih. Nakupila sem si nove strokovne knjige iz farmakognozije, ki jih imam ves čas na mizi. Med dopustom sem namesto romanov brala znanstvene članke o vsebnostih in delovanju različnih učinkovin v zdravilnih rastlinah. Ogromno novega je na tem področju; zdravilne rastline so predmet številnih znanstvenih študij. In kar je najpomembnejše, šla sem v naravo in se z rastlinami družila v njihovem okolju, jih gledala s popolnoma drugačnimi očmi, hvaležno sprejemala njihove darove in začela pisati to knjigo.

Še posebej so me začele zanimati tiste rastline, ki sem jih potem lahko vgradila v naravne kozmetične izdelke, ki sem jih začela izdelovati sama. Ker je ravno ognjič odlična rastlina za nego kože, sem ga začela v večji količini gojiti doma. Želela sem imeti dovolj ognjičevih cvetov, iz katerih sem potem naredila najprej oljni izvleček, ki mu pravimo tudi macerat. Tega sem nato vgradila v svoja mazila, kreme in serume, ki jih delam zase, za družino in za prijatelje. Namesto kupljenih daril iz trgovine jim sedaj ob praznovanju podarim svojo kozmetično kolekcijo. Ta je vsakič malo drugačna. Je povsem moja, izdelana s srcem ob pomoči narave.

Ne predstavljam si več mojega vrta brez ognjiča. Najraje sadim tiste z intenzivno oranžnimi dvojnimi cvetovi, ki imajo največ uporabnih cvetnih lističev. Cvetove pobiram sproti, vsak teden, v suhem in sončnem vremenu. Del cvetov poberem, del pa jih pustim, da naprej krasijo gredice. Poizkušam ohranjati ravnovesje. Cvetove

odlagam na pladenj. Prej odmaknem tiste, ki se že sušijo od prejšnjega nabiranja, da se ne mešajo in pripravim prostor za sveže cvetove, kot na nekakšnem tekočem traku. Tiste, ki so že suhe, pospravim v steklen kozarec. Ko je večina cvetov iz sezone posušenih, se lotim ločevanja rumenih cvetnih lističev od koškov. Za kulinarične namene najraje shranjujem samo cvetne lističe. Kadar pa delam oljni izvleček, pa včasih uporabim tudi cele cvetove. Ognjičev oljni izvleček je eden najboljših maceratov nasploh, saj je zelo uporaben, povrhu pa je še lepo oranžno obarvan.

Nekaj cvetov pustim na rastlini, da dozorijo in nastanejo semena. Vsakič se čudim, kako neverjetne, posebne oblike imajo. So namreč kot majhne, zvite gosenice ali šape z zavitimi krempeljčki. Semena posušim in shranim, nato pa jih naslednje leto zgodaj spomladi posejem v lonček. Mlade rastline potem presadim na vrt. Včasih semena posejem takoj ven na gredico. A ognjič me nikoli ne čaka, tudi sam odvrže nekaj semen in se zaseje v okolici matične rastline. Spomladi kakšno seme ali lepe sadike kupim v vrtnariji, da čim prej pridem do cvetov. Z zanimanjem pričakujem nove barvne različice ognjiča iz široke palete možnih barv in oblik.

In tako je ognjič moj zvesti prijatelj. Njegovih cvetov se vsak dan veselim – tako veseli in sproščeni so videti. Kot da to ni »samo« rastlina, ampak inteligentno bitje, s katerim se lahko pogovarjam o vsem kar me tisti dan muči. Tako potrpežljivo me posluša.

Cveti skoraj celo leto. Pozno jeseni, ko se večina rastlin že poslavlja, ognjič še kar naprej cveti, kot da je pomlad. Iz mladih rastlinic, ki se same zasejejo okrog matične rastline, nastanejo močne rastline, ki spet cvetijo. Kot bi želel povedati: »Ne odnehaj, cvetiš lahko ves čas, vedno je lahko čas za srečo.«

Pravijo, da imajo ognjičevi cvetovi dar napovedovanja vremena. Če so cvetovi zjutraj dolgo zaprti, to pomeni, da bo tisti dan deževalo. Da, tudi tako se midva pogovarjava.

O rastlini

Ognjič *(Calendula officinalis)* je rastlina, ki spada v družino nebinovk *(Asteraceae)*. Danes je večinoma gojena rastlina, ki ima obliko grma in zraste do šestdeset centimetrov. Ima razvejano steblo, podolgovate suličaste liste z gladkim robom in drobnimi, nekoliko lepljivimi dlačicami. Značilni rumeno-oranžni okrogli cvetovi so veliki od štiri do sedem centimetrov in spominjajo na majhne sončnice. Zvečer se zaprejo, zjutraj pa odprejo. Obstaja več vrst ognjiča, ki se med seboj razlikujejo po višini stebel ter po obliki in barvi cvetov. Cvetovi so lahko v rumenih ali oranžnih odtenkih, v obliki enojnih ali dvojnih cvetov. Ognjič cveti več mesecev, v toplejših predelih skoraj celo leto. Od tod tudi ime *calendula*, ki pomeni leto in se nanaša na njegovo dolgo obdobje cvetenja. Z rednim odstranjevanjem cvetov rastlino vzpodbudimo, da jih oblikuje še več.

Je enoletna rastlina, razmnožuje se s semeni. Ko jih sejemo, je pomembno, da jih ne položimo pregloboko v zemljo. Rahlo jih prekrijemo s tanko plastjo zemlje ali samo malo potisnemo v zemljo.

Ognjiču dajejo značilno rumeno barvo snovi, ki se imenujemo flavonoidi. To so rastlinski metaboliti, pomembni za vzdrževanje rastlinskih funkcij. Rastlino ščitijo pred mikrobi in insekti. Flavonoidi imajo v človekovem telesu antioksidativno delovanje, s čimer so povezani številni pozitivni učinki na zdravje. Najpomembnejši ognjičev flavonoid je kvercetin, ki ima protivnetno delovanje. Vsebuje tudi triterpenske saponine (kalendulozid), karotenoide (likopen, lutein in ksantofil), kumarine, polisaharide, aminokisline in tokoferol.

Ognjič je razširjen v Evropi, Ameriki, Aziji, še posebej pa mu godi Sredozemsko področje.

Druga imena za ognjič *(Calendula officinalis)* ali vrtni ognjič so še: mesečjek, neven, ognjec in rigelc. Angleška imena so *calendula, marigold, pot marigold,* in *poor man's saffron*, nemško poimenovanje pa *Ringelblume*.

Zgodovina

Ognjič spada med najstarejše gojeno cvetje. Na območju Sredozemlja so ga gojili že v antičnih časih. Svoje mesto je imel tudi v znamenitih francoskih vrtovih v 15. stoletju. V času osvajalskih pohodov v Ameriko je ognjič iz Sredozemlja prišel tudi tja, v »novi svet«.

Uporabljali so ga kot barvilo za barvanje tkanin, v kuhinji pa kot dodatek jedem. Dodajali so ga v juhe, obare, kruh, cmoke in tudi v sirup ali vino. Uporabljali so ga za barvanje masla in sira. Ognjičevi cvetovi so se uporabljali kot cenejši nadomestek za dragoceni žafran, od tu tudi angleški naziv *poor man's saffron*. Od nekdaj je bil priljubljen kot kozmetično sredstvo za nego las in kože.

V srednjem veku so zdravniki ugotovili, da obloge iz ognjičevih cvetov zaustavljajo krvavitve in pospešujejo celjenje ran. Uporabljali so ga tudi za zdravljenje gangrene.

Nekoč so verjeli, da če pri sebi nosiš ognjič, te bo zaščitil pred roparji in ugrizi škorpijona. Kdor je bos hodil po ognjičevih cvetovih, pa naj bi bil sposoben komunicirati s pticami.

Angleško ime za ognjič je *pot marygold* in naj bi izhajalo iz naslednje legende: Ko je sveta družina potovala v Egipt, so roparji Mariji, Jezusovi materi, ukradli torbo. Ko so jo odprli, v njej ni bilo zlatih kovancev, kot so sprva pričakovali, ampak okrogli ognjičevi cvetovi zlate barve. Od takrat naj bi se ognjič v angleškem jeziku imenoval *marygold* (kar pomeni Marijino zlato). Ker pa se je uporabljal za začinjanje jedi, od tod izvira angleško ime pot (lonec).

Zdravje

Zaradi antioksidativnega in protimikrobnega delovanja proti bakterijam, virusom in plesnim, ognjič dokazano učinkuje pri celjenju ran. Dobro deluje tudi pri tistih, ki se počasi celijo ali so nastale kot posledica venskih okvar. Če nanesemo ognjič, bo po celjenju manj brazgotin. Uporablja se tudi pri dermatitisu, za blaženje vnetij po opeklinah, pri praskah, aknah, kožnih razjedah, razpokani koži in pri hemeroidih. Pomaga pri pikih žuželk, pri vnetju grla in ustne votline ter za izpiranje ob vnetju oči. Pri notranji uporabi ima poleg antimikrobnega tudi diuretični učinek, pospešuje izločanje žolča in pomaga pri želodčnih razjedah.

Ognjič je zelo razširjen tudi v kozmetiki, v sredstvih proti staranju kože in za nego suhe in občutljive kože. Kožo vlaži, pomirja vnetja in spodbudi tvorbo kolagena v koži ter tako poveča njeno čvrstost. Uporablja se za nego kože po sončenju, ima tudi blage učinke za zaščito pred sončenjem. Mazilo iz ognjiča je uporabno tudi za zaščito kože pred mrazom in vetrom.

Uporabljamo predvsem ognjičeve cvetove, lahko pa tudi liste, ki jih sveže ali suhe uporabimo v obliki poparka, oljnega izvlečka, mazila, kreme ali tinkture. Poparek ognjiča lahko pijemo kot čaj za notranjo uporabo ali pa ga uporabimo zunanje za izpiranje kože ali kot obkladek. Oljni izvleček uporabljamo na površini kože, lahko mu dodamo še čebelji vosek in dobimo mazilo, ki je lažje mazljivo. Lahko ga vgradimo v kremo, ki je po zgradbi emulzija, saj vsebuje tudi vodno fazo. Ima bolj vlažilen učinek kot samo ognjičevo olje ali mazilo (recepturi sta v nadaljevanju). Alkoholni izvleček – tinktura pa je namenjen zunanji uporabi. Tinkture pripravimo tako, da z 1 decilitrom 70-odstotnega etanola prelijemo 5 žlic posušenih cvetov in pustimo dobro zaprto na temnem in hladnem mestu šest do osem tednov. Vmes večkrat pretresemo. Po tem času precedimo in napolnimo v stekleničke.

Pridobivanje ognjičevega eteričnega olja s parno destilacijo je zelo težko. Zato so ekstrakti na trgu povečini pridobljeni z organskim topilom (običajno s heksanom). Ti ekstrakti se imenujejo absoluti. Nekateri pa so pridobljeni z utekočinjenim ogljikovim dioksidom, ti se imenujejo CO2 ekstrakti. V obeh primerih gre za močno koncentrirano obliko ekstrakta ognjiča, ki ga uporabljamo le v majhni količini. Absoluti v naravni kozmetiki niso zaželeni, ker vsebujejo ostanke organskega topila. V tem smislu CO2 ekstrakti niso problematični. Na voljo so tudi oljni izvlečki (macerati), ki so bistveno manj koncentrirani in jih lahko enostavno naredimo tudi sami.

Kulinarika in drugo

V kuhinji lahko uporabljamo sveže ali posušene cvetne lističe, ki jih dodajamo v juhe, obare in rižote. Zaradi lepe oranžne barve, ki predstavlja barvni kontrast, lahko z njimi vizualno popestrimo marsikatero jed, s tem pa ji dodamo vrsto koristnih snovi.

Zaradi lepega in obenem zdravilnega rumenega barvila lahko ognjič, tako kot nekoč, tudi danes uporabimo v različnih jedeh namesto dražjega žafrana. Cele sveže ali posušene cvetove in cvetne lističe lahko uporabimo za dekoracijo različnih jedi.

Sveže mlade zelene liste lahko uporabimo kot dodatek solatam, omletam in tortilijam. Ognjič ima sladkast in blago pikanten okus.

Sadimo ga za okras v cvetličnih gredicah in vrtovih, uporabljamo ga tudi kot rezano cvetje za šopke.

Če ga posadimo v zelenjavnem vrtu poleg drugih rastlin, je koristen, saj privablja žuželke, ki oprašujejo rastline. Obenem odganja tudi škodljivce, kot so uši, polži in voluharji.

Ognjičev macerat

Sam ognjičev macerat lahko uporabimo za nego poškodovane kože ali za masažo, pri čemer mu lahko dodamo še nekaj kapljic eteričnega olja drugih rastlin. Lahko pa ga vgradimo v mazila, kreme ali v oljne serume. Uporaben je približno eno leto.

ognjičevi cvetovi
oljčno olje (lahko tudi sončnično, mandljevo...)

Ognjičev macerat pripravimo iz svežih ali suhih cvetov ognjiča, ki jih damo v čist, suh kozarec s širokim vratom. Z rastlinami napolnimo približno dve tretjini volumna kozarca. Nato s kvalitetnim oljem zalijemo do vrha.

Pustimo šest do osem tednov v temnem in hladnem prostoru. Vmes večkrat pretresemo. Na koncu precedimo skozi gosto sito ali gazo in zapremo v čiste, suhe stekleničke, ki jih dobro zapremo in označimo z vsebino.

Ognjičevo mazilo

Ognjičevo mazilo uporabljamo za nego poškodovane, opečene in suhe kože. Uporaba je zaradi trše konsistence nekoliko bolj priročna kot uporaba samega macerata. Gre za brezvodni pripravek, saj so vključene le maščobne komponente. Mazilo je popolnoma naravno.

Za 200 g mazila:

181 g ognjičevega macerata
18 g čebeljega voska
1 g vitamina E

Pripravimo vodno kopel tako, da v lonec z vrelo vodo postavimo ognjevarno stekleno posodo, nato v njo damo macerat in čebelji vosek ter občasno premešamo. Ko se čebelji vosek stali, prenehamo segrevati in dodamo vitamin E. Potem premešamo in takoj vlijemo v pripravljene lončke. Počakamo, da se mazilo v lončku strdi in ohladi ter šele nato zapremo s pokrovčkom. Lončke označimo z vsebino, rok uporabe je eno leto.

Ognjičeva krema

Na tem mestu namenoma dodajam še recept za ognjičevo kremo predvsem zato, da predstavim razliko med kremo in mazilom. Krema je emulzija; poleg maščobnih komponent vsebuje še precejšen delež vodne faze, zato je precej bolj vlažilna in bolj vpojna kot mazilo. Uporabljamo jo za nego občutljive in suhe kože, proti staranju kože in za nego po sončenju.

Za 200 g kreme:

Vodna faza:
51,7 g destilirane vode
50,0 g soka aloe vera
50,0 g hidrolata kamilice
4,0 g glicerola
2,0 g konservansa (Geogard ultra)

Oljna faza:
22,0 g macerata ognjiča v oljčnem olju
13,0 g emulgatorja (Olivem 1000)
6,0 g karitejevega masla

Zunanja faza:
0,2 g CO_2 ekstrakta ognjiča (izbirno)
0,6 g vitamina E
0,5 g eteričnega olja: kamilica, sivka

Pripravimo dva lonca in dve ognjevarni posodi s pollitrskim volumnom, ki ju pred začetkom dela prebrišemo s 70-odstotnim etanolom. Ena posoda bo namenjena vodni, druga pa oljni fazi. Nivo vode, ki vre v loncu in predstavlja vodno kopel, naj bo vsaj do nivoja vsebine v ognjevarni posodi. Pripravimo tudi termometer in palični mešalnik. Z etanolom prebrišemo tudi vso ostalo opremo, ki bo prišla v stik s kremo, saj moramo pri delu skrbno paziti na mikrobiološko čistočo.

Vse sestavine vodne faze natehtamo in damo v posodo za vodno fazo ter postavimo na vodno kopel. Enako ponovimo še za oljno fazo. Obe fazi segrevamo na vodni kopeli, vmes večkrat premešamo s stekleno palčko in preverjamo temperaturo s steklenim ali IR termometrom. Segrevamo toliko časa, da je temperatura vodne in oljne faze enaka, in sicer 75 °C.

Potem odstavimo in vzamemo palični mešalnik. Mešamo oljno fazo in medtem vanjo počasi zlivamo vodno fazo. To je ključna faza emulgiranja, ki zelo je pomembna, saj z njeno pomočjo nastane stabilna emulzija. Med mešanjem opazujemo, kako nastaja bela emulzija, ki se vedno bolj gosti. Ko zaključimo z dodajanjem vodne faze, mešamo še približno dve do tri minute. Potem počakamo, da se krema ohladi. Vmes še nekajkrat premešamo.

Ko se krema shladi pod 40 °C, dodamo sestavine zunanje (hladne) faze, saj gre za temperaturno občutljive sestavine. Eterična olja lahko izberemo po svoji želji. Sama sem kamilico in sivko izbrala zato, ker na kožo delujeta pomirjevalno in protivnetno. Dobro podpirata delovanje ognjiča, obenem pa lepo odišavita kremo. CO_2 ekstrakt ognjiča je zelo koncentriran naravni ekstrakt, ki še dodatno okrepi učinek ognjiča, ki je v maceratu in poskrbi za lepo rumeno barvo ognjičeve kreme. Doda se ga v zelo majhni količini, lahko pa ga tudi izpustimo.

Emulgator in konzervans v tej recepturi sta takšna, kot sta dovoljena za uporabo v naravni kozmetiki. Vse sestavine za to kremo lahko dobimo v številnih spletnih trgovinah, ki prodajajo surovine za naravno kozmetiko.

Kremo napolnimo v lončke za kreme, zapremo in označimo z vsebino. Rok uporabe je eno leto.

Šentjanževka

Hypericum perforatum

Moja zgodba

Šentjanževko srečujem na svojih poletnih pohodih v naravi. S svojimi zlato rumenimi cvetnimi kronicami že od daleč opozarja nase. Včasih naberem šopek in ga odnesem domov, ob tem imam občutek, kot da bi v hišo prinesla sonce. Ko ovenijo prvi cvetovi v socvetju, v obliki majhnih, koničastih popkov v ozadju že čakajo drugi. Odpirajo se postopno in zaporedno, kot bi čakali na vrsto, da lahko pridejo na svet. Včasih odtrgam cvetne lističe in jih pomanem med prsti. Kot bi se vsakič znova želela prepričati, če bodo prsti res postali rdeči. Kot bi se zgodil čudež; iz zlatorumenega cveta nastane krvavo rdeča barva. To se mi vedno znova zdi presenetljivo!

Skrivnosti šentjanževke so površnim očem skrite. Samo, kadar se ji zelo približamo in ji zares posvetimo pozornost, ugledamo njeni dve skrivnosti. Prva so tiste neverjetno drobne, temne žleze na robovih cvetnih lističev in zelenih listov, druga pa majhne prozorne pike na zelenih listih. Če jih pogledamo proti svetlobi, izgledajo kot luknjice. V teh temnih in v prozornih žlezah šentjanževka skriva številne učinkovine. Od tu izvirajo njeni zdravilni učinki, ki so blagodejni za rane in um.

Iz šentjanževke sem naredila svoj prvi oljni izvleček ali macerat. Sveže cvetove sem prelila z oljčnim oljem, dobro zaprla in postavila na okensko polico. Potem sem opazovala preobrazbo. Vsak dan sem gledala, kako je rumenkasta barva oljčnega olja vse bolj dobivalo škrlatno rdečo barvo, ki je nastajala iz temnih žlez rastline. Olje je kar srkalo vase zdravilne moči šentjanževke, rastlina pa je postajala vse bolj brezbarvna. S tem je končala svojo vlogo. Svoje bistvo, svojo dušo, je predala olju, v katerem se bodo njene moči ohranile še dolgo. Kot bi mu predala svojo dediščino, svoje dragocenosti, potem pa bo nastopil čas, da se ona poslovi s tega sveta.

Najbolj od vsega me preseneča njeno učinkovito delovanje. Moja opeklina na prstu je po tem, ko sem jo mazala s šentjanževim oljem, izginila že po treh dneh. Ta rdeča oljna tekočina je prav zares čudovito darilo narave človeku.

O rastlini

Šentjanževka je grmičasta trajnica, ki zraste do približno štirideset do sedemdeset centimetrov. Sodi v družino krčničevk *(Hypericaceae)*. Raste samoniklo na prisojnih legah, na nasipih, na obrobju gozdov in na sončnih travnikih. Zaradi pomembnih zdravilnih učinkov jo ponekod tudi gojijo.

Cvetovi, ki so izrazito zlato rumene barve, so združeni v skupke, ki so videti kot metlice. Vsak cvet ima pet zelenih čašnih in pet rumenih venčnih listov, ki so v različnih stopnjah cvetenja. Na sredini cveta je šopek velikih prašnikov. Cvetni lističi imajo predvsem na robu temne pike, to so temne žleze, v katerih se skriva rdeče barvilo, ki nosi zdravilne učinke. V kolikor smo pri prepoznavanju rastline v dvomih, stisnimo rumene cvetne lističe med prsti in sprostilo se bo izrazito rdeče barvilo. Iz cveta nastane plod, ki ima obliko podolgovate kapsule.

Ima majhne ovalne podolgovate zelene liste, velike od enega do tri centimetre. Listi so brez pecljev in so nanizani vzdolž delno olesenelega stebla. Nameščeni so nasproti, drug proti drugem. Na listih so značilne prozorne belkaste pikice. Na prvi pogled izgleda kot, da so listi preluknjani, od tod tudi latinski naziv perforatum, kar pomeni luknjičast. Vendar temu v resnici ni tako. Te pikice so prozorne žleze, v katerih rastlina shranjuje eterično olje. Ob robu zelenih listov so tudi temne žleze z rdečim barvilom, podobne tistim v cvetnih listih. Največ učinkovin je v cvetnih popkih in v zgornjih zelenih listih.

Cveti od junija do avgusta. Nabiramo jo, ko je v začetku cvetenja. Po starodavni tradiciji jo je najbolje nabirati okrog kresa, to je 24. junija. Odrežemo zgornji del rastlin, jih povežemo v šopke in jih na hitro previdno posušimo, če jo bomo uporabili za čaj. Za oljni izvleček pa vedno uporabimo le sveže cvetove. Pazimo, da ne poškodujemo njenih žlez.

Šentjanževko najdemo v mnogih predelih sveta. Raste v Evropi, severni Afriki, pa tudi v večjih predelih delih Azije, Amerike in Avstralije.

V temnih žlezah na robovih cvetov in listov se nahaja hipericin in njegovi derivati, ki so rdeče obarvani, pa tudi hiperforin. To so učinkovine, ki so v rastlini najbolj zaslužne za antidepresivne in antimikrobne učinke šentjanževke. V rastlini so še flavonoidi (hiperozid in kvercetin), čreslovine in procianidini. V žlezah zelenih listov, ki so videti kot prozorne pike, je hlapno eterično olje. Hipericin je slabo topen v vodi, topen je v alkoholih in oljih. Zato je čaj iz šentjanževke rumen, alkoholni izvleček (tinktura) in oljni izvleček (macerat) pa sta izrazito rdeče barve.

Druga imena za šentjanževko *(Hypericum perforatum)* so še: krčnica, krvavec, grilavec in roža svetega Janeza, ker cveti v obdobju okrog 24. junija, ko goduje sveti Janez Krstnik. Tuji imeni pa sta *St. John's wort* (angl.) in *Johanniskrau* (nem.).

Zgodovina

Šentjanževka se že več kot 2000 let uporablja za zdravljenje ran, psihičnih motenj in za odganjanje nesreče. V srednjem veku so jo uporabljali v napitkih proti halucinacijam ter za izganjanje zlih duhov ali hudiča. Zato se jo je oprijelo ime *Fuga demonum* ali »nadloga demonov«. V krščanski zgodovini so namreč psihične motnje pogosto povezovali z obsedenostjo s hudičem.

Razširjena je bila tudi njena uporaba za zdravljenje ran. V času križarskih vojn je bila ljudsko zdravilo za zdravljenje ranjencev na bojnih poljih. Krvavo rdeče olje šentjanževke so tako uporabljali za zdravljenje krvavih ran.

Rdeči sok, ki se sprosti iz šentjanževke, naj bi predstavljal kri mučenika Janeza Krstnika, ki so ga obglavili. Na dan sv. Janeza so šentjanževko obešali v domovih nad verske slike, z namenom, da bi odganjala čarovnije, strele in zle uroke. Od tod izvira tudi njeno latinsko ime *Hypericum*, *hyper* pomeni nad, *icon* pa je ime za sliko. Šentjanževka, ki je nabrana na ta dan, naj bi imela še posebno močne učinke.

Zaradi zlatorumenih cvetov, ki spominjajo na sonce, je od nekdaj veljala za prinašalko svetlobe. V srednjem veku so ji rekli tudi kraljeva krona, saj njeni cvetovi spominjajo na zlati venec. Seme šentjanževke v žepu naj bi iskalcem čudežno pomagalo najti vir vode. Uporabljala se je tudi kot barvilo za volno in svilo.

Zdravje

Hipericin ima skupaj s hiperforinom dokazan antidepresivni učinek, tako, da se v telesu poveča razpoložljivost živčnih prenašalcev serotonina, noradrenalina in dopamina, ki so odgovorni za dobro razpoloženje. Serotonin se imenuje tudi hormon sreče, saj močno vpliva na doživljanje občutka sproščenosti, sreče, zadovoljstva in čustvene uravnovešenosti.

Šentjanževka se uporablja notranje pri blažjih do zmernih oblikah depresije in sicer najpogosteje v obliki kapsul ali tablet z izvlečki rastline. Ti so kvantificirani, kar pomeni, da je koncentracija učinkovin v izvlečku znana in točno določena. V ta namen lahko pijemo tudi čaj, ki ga pripravimo tako, da eno do dve čajni žlički posušene šentjanževke prelijemo z dvema decilitroma vroče vode, pokrijemo in pustimo stati deset minut. Nato precedimo in pijemo. Priporočljivo je, da trikrat dnevno spijemo po eno skodelico, zlasti v zimskih dneh, ko primanjkuje sončne svetlobe in so depresivna razpoloženja pogosta. Učinek se pokaže po dveh do štirih tednih uporabe. Pri hujših oblikah depresije šentjanževka ni primerna. Uporaba šentjanževke ne sme biti nadomestilo terapije, ki vam jo je že predpisal zdravnik!

Na temo potrditve antidepresivnega učinka šentjanževke je objavljeno mnogo znanstvenih študij. Najbolj razširjena uporaba šentjanževke pri depresijah je v Nemčiji. S tem je tudi razkrita resnica nekoč mističnega učinka šentjanževke proti demonom. Morda lahko rečemo, da je depresija na nek način res demon sodobnega časa.

Pri zunanji uporabi šentjanževka dokazano deluje na pospeševanje celjenja ran, saj ima protivnetno, antimikrobno, adstringentno in regenerativno delovanje. Olje šentjanževke se uporablja zunanje pri opeklinah, za hitrejše celjenje površinskih ureznin, razjed, razpok, suhe kože, pa pri aknah, pikih žuželk in hemeroidih. Šentjanževo olje uporabljamo le zunanje.

Pri notranji uporabi šentjanževke v obliki pitja čaja, je potrebna previdnost, saj učinkovine šentjanževke delujejo na encimske procese, ki vplivajo na razgradnjo nekaterih zdravil in s tem zmanjšujejo njihov učinek (to velja za peroralnime kontraceptive, nekatere antikoagulante, imunosupresive, protivirusna zdravila, antidepresive in še nekatere). Če jemljemo katerakoli zdravila, se je šentjanževki najbolj varno kar odpovedati, ali pa se prej posvetujmo z zdravnikom ali farmacevtom.

Hipericin je odgovoren za fototoksičnost, to je vnetje kože ob izpostavljenosti sončnim žarkom. To se lahko zgodi pri notranji uporabi šentjanževke, če bi uživali količino, ki je bistveno večja od običajnih priporočenih odmerkov. Enako se zgodi pri živalih, ki se pasejo po pašnikih, kjer je veliko šentjanževke, istočasno pa so izpostavljene močnemu soncu.

Kulinarika in drugo

Šentjanževka se v kulinariki redko uporablja. Mlade liste lahko dodamo v spomladanske solate, cvetove pa uporabimo kot dekoracijo.

Šentjanževo olje

Rubinasto rdeče šentjanževo olje za zdravljene površinskih ran je pripravek, ki bi ga morala imeti doma vsaka družina. Uporabno je za pogoste težave s kožo, manjše ranice in opekline. Je zelo učinkovito in povsem enostavno za izdelavo.

Gre za oljni izvleček šentjanževke ali macerat. Pri tem maceratu je še posebej pomembno, da uporabimo sveže in ne posušene cvetove za razliko od maceratov iz drugih rastlin.

50 g svežih cvetov šentjanževke
500 g hladno stiskanega oljčnega olja

Olje, ki ga uporabljamo za macerat, naj bo čim bolj sveže, saj bo tako tudi macerat dalj časa obstojen. Cvetove šentjanževke naberemo v začetku cvetenja, ko je nekaj cvetov v socvetju že odprtih, nekaj pa še v popkih. Rastline naj bodo zdrave, brez insektov, čiste in suhe. Cvetov pred pripravo ne peremo.

Izberemo primerno velikost kozarca, ki mora biti čist in suh. Cvetove napolnimo do 3/4 volumna kozarca. Nato jih prelijemo z oljem, tako, da so cvetovi popolnoma prekriti. Kozarec dobro zapremo in ga postavimo na sonce. Vmes večkrat pretresemo. Olje postopno postaja vse bolj rdeče barve.

Po štirih tednih precedimo in shranimo v dobro zaprti steklenici v temnem prostoru. Za daljšo obstojnost lahko na koncu dodamo še nekaj kapljic 0,2 - 0,5 % vitamina E (tokoferol), ki je antioksidant in preprečuje oksidacijo in s tem žarkost olja.

Za sprotno uporabo lahko del macerata prelijemo v manjšo stekleničko s kapalko in jo dopolnjujemo, da je izpostavljenost kisiku čim manjša. Če smo uporabili sveže olje, ob tem pa preprečevali stik olja z zrakom, je macerat uporaben približno eno leto, potem pa je spet čas za pripravo svežega.

Šentjanžev macerat lahko nanašamo po kapljicah na manjše površinske rane, razjede, opekline, vbode in akne. Nežno razmažemo in počakamo, da se vpije v kožo. Vnetje se tako zmanjša, celjenje pa pospeši. Lahko se uporablja samostojno, iz njega pa lahko z uporabo čebeljega voska naredimo tudi mazilo ali ga vgradimo v emulzije (na primer v losjon za nego kože po sončenju).

Šentjanževo vino

Že stari Egipčani so uporabljali vino kot medij za ekstrahiranje učinkovin iz rastlin. Vino so tako aromatizirali, obenem pa ga obogatili z rastlinskimi učinkovinami. Mnoge učinkovine v rastlinah so namreč bolj topne v alkoholu kot v vodi. V ta namen so najpogosteje uporabljali meliso, meto, koriander, žajbelj in šentjanževko. Tako dobimo vino, ki je obogateno z rastlinskimi izvlečki.

1 pest svežih šentjanževih cvetov
1 l belega vina

Sveže in čiste cvetove šentjanževke damo v čisto steklenico ali kozarec za vlaganje in prelijemo z vinom. Vino je lahko suho, polsuho ali sladko, odvisno od našega okusa. Dobro zapremo s pokrovom in pustimo na temnem in hladnem približno deset dni. Nato precedimo in prelijemo v dekorativno steklenico ter hranimo na temnem in hladnem mestu.

Lahko dodamo tudi svež rožmarin, meto, limonino lupinico in med. Namesto belega lahko uporabimo tudi rdeče vino.

Uporabljamo v majhnih količinah kot tonik ali kot desertno vino, še posebej, če uporabimo sladko vino ali mu dodamo med. Najbolje, da ga porabimo v dveh tednih po pripravi.

Močvirski oslad

Filipendula ulmaria

Moja zgodba

Močvirski oslad se dviga visoko nad travami s pokončnim steblom zeleno škrlatne barve in kremasto belim socvetjem. Del cvetov v socvetju je že polno zacvetel, drugi del pa je še v popkih, ki so videti kot rožnato bele biserne kroglice, ki čakajo, da nastopi njihov čas za razcvet. Socvetja tvorijo zanimive neenakomerne metlaste oblike, tako da je vsaka rastlina prav posebna, pa vendar so vse enake. Poleg te lepote pa v sebi skriva še skrivnost. Ima neverjetno moč odpravljanja bolečine – prinaša olajšanje, saj vsebuje »naravni aspirin«.

Cvetovi oddajajo značilen sladkast vonj po medu in mandljih, ki nas nikakor ne pusti ravnodušne. Oslad je prava travniška sladica. Ko se poleti vračam iz pohoda, naberem nekaj cvetov oslada in razmišljam, ali imam doma še kakšno vrečko zamrznjenega jagodičevja, da bom lahko naredila moj priljubljeni desert iz svežega oslada.

Oslad zelo rade obiskujejo čebele in metulji, vedno jim je zanesljiv in radodaren gostitelj. Živijo v sožitju, drug drugemu dovolijo biti tam, kjer so. Ko pogledamo travnik z osladom, se vidijo cvetovi, kot bi bilo polno belih sneženih kep. So kot dragocene nežne čipke, ki jih je narava izvezla iz tanke, subtilne naravne niti in namestila na visoka stebla v čast stvarstvu. Rastline so čvrsto zakoreninjene v zemljo, a obenem sproščeno in razigrano poplesujejo v vetru. So v sozvočju z vsem okrog sebe. Tam rastejo za vse nas, ki jih želimo videti. Učijo ceniti ta prelepi trenutek in nas vzpodbujajo, da najdemo spokojni kotiček tudi v sebi. Dovolimo cveticam, da nas naučijo mirnosti. Spomladi nas spominjajo na nov začetek, jeseni, ko odcvetijo, pa na minljivost življenja.

Pred časom sem oslad nabirala skupaj s prijateljico Melito na njihovem velikem travniku, da bi ga posušili za čaj. Tu ga je nabirala že kot majhna deklica. Obujala je spomine, kako so se vaški otroci med poletnimi počitnicami na tem travniku igrali in nabirali šopke za svoje mame. Oslad je bil vedno ena glavnih cvetic v šopku. Z nostalgičnimi spomini ga je zopet nabrala, da bi v sebi ponovno obudila otroka. Njen šopek, prav tak, kot ga je nabirala kot majhna deklica, vidimo na koncu tega poglavja.

O rastlini

Močvirski oslad je trajnica iz družine rožnic *(Rosaceae)*, ki v višino zraste do enega metra. Raste samoniklo na travnikih, gozdnih obronkih in ob obrežjih rek. Steblo je pokončno, rdečkasto, delno olesenelo. Listi so drobni, nazobčani, pernato razraščeni in pokriti z dlačicami.

Cveti od junija do septembra. Drobni kremno beli cvetovi, z enakomerno razporejenimi venčnimi listi in z izrazitimi dolgimi prašniki so združeni v bogato grozdasto socvetje neenakomernih oblik. Cvetovi v socvetju se odpirajo postopoma, spodnji nivo cvetov je bolj odprt, višji pa je še nekoliko zaprt, kar rastlini omogoča daljši čas cvetenja.

Uporabni so listi, cvetovi in korenine. Uporabimo lahko sveže ali posušene. Cvetove nabiramo, še preden so vsi popolnoma odprti in jih na hitro posušimo. Pri nabiranju uporabimo škarje ali nož, saj je steblo precej težko zalomiti in se lahko hitro zgodi, da nam v roki ostane cela rastlina s korenino vred. Tega ne želimo, saj tako rastlino uničimo.

Oslad vsebuje salicilate (metil salicilat in saliciladehid), fenole, monoterpene, seskviterpene, čreslovine, flavonoide in druge učinkovine.

V naravi je razširjen tudi travniški ali navadni oslad *(Filipendula vulgaris)*, ki je prav tako uporaben kot močvirski oslad in ima zelo podobne učinke.

Močvirski oslad je razširjen po Evropi, predelih Azije in v severni Ameriki.

Druga imena za močvirski oslad *(Filipendula ulmaria)* so še: brestovolistni oslad, divje latje in medvedovo latje. Staro botanično ime za oslad je *Spiraea Ulmaria*. Tuja imena pa so: *meadowsweet* (angl.), *queen of the meadow* (angl.), *mead wort* (angl.), in *Echtes Mädesüß* (nem.).

Zgodovina

Že pred 5000 leti so Sumerci izdelovali zdravilne pripravke proti bolečinam, ki so bili iz vrbe in oslada. To sta namreč rastlini, bogati s salicilati, ki delujejo protibolečinsko.

Ostanke oslada so našli v posodah, ki so bile v grobovih iz bronaste dobe, kar kaže na verjetno uporabo oslada za odišavljenje pijač.

V 16. stoletju je kraljica Elizabeta I želela, da ji sobane odišavijo tako, da ji oslad posipajo po tleh. V srednjem veku so z njim aromatizirali medico, vino in pivo. Ob porokah so ga vpletali v nevestin venček in posipali po cerkvenih tleh, saj naj bi mladoporočencema prinašal ljubezen in srečo, zato se ga je oprijelo ime *porocna rastlina*.

Švicarski farmacevt Pagenstecher je leta 1830 odkril, da oslad vsebuje učinkovino salicin. Znanstveniki so enako učinkovino našli tudi v vrbi in ugotovili, da deluje proti vročini in bolečinam. Felix Hoffmann, kemik iz podjetja Bayer, je leta 1897 sintetiziral izboljšano molekulo - acetilsalicilno kislino. To novo zdravilo so poimenovali Aspirin, po starem botaničnem imenu za oslad *(Spiraea Ulmaria)*. Odkritje Aspirina je bilo izjemen zgodovinski dosežek v medicini, saj je tako bolečina postala bolj obvladljiva. Aspirin je eno najstarejših svetovno znanih zdravil proti vročini in bolečinam. Kasneje je bilo ugotovljeno, da deluje tudi kot antikoagulant, torej da zmanjšuje nevarnost nastajanja krvnih strdkov. Danes se uporablja v oba namena.

Zdravje

Oslad se v tradicionalni medicini uporablja kot naravno sredstvo proti bolečinam, proti vnetju in ob povišani telesni temperaturi. Deluje proti glavobolu, proti bolečinam v mišicah in sklepih, ob revmi ali protinu. Vsebuje salicilate, ki delujejo kot Aspirin. Zaradi vseh teh učinkov je ena najučinkovitejših rastlin pri prehladu in gripi. Prispeva k zmanjševanju tveganja za nastanek krvnih strdkov.

Deluje tudi kot diuretik, zato se uporablja pri težavah s sečili. Vsebuje čreslovine, ki imajo adstringentne lastnosti, zato je uporaben zlasti pri težavah želodca (gastritisu in razjedah) in proti driski. Uporablja se tudi lokalno za zdravljene aken ali očesnih vnetij, saj ima dokazane antibakterijske lastnosti.

Oslad uporabljamo v obliki poparka, ki ga pijemo kot čaj ali uporabimo kot obkladek. Lahko pripravimo tudi tinkturo, tako da rastlino namočimo v etanol.

Zapomnimo si - oslad je odlično zdravilo proti vročini in bolečini, je pravi naravni Aspirin.

Kulinarika in drugo

Če želimo v kuhinji preizkusiti nekaj nenavadnega, lahko cvetove oslada uporabljamo za odišavljenje limonade ali vina, tako kot so to počeli v zgodovini. Svež šopek oslada enostavno obrnemo »na glavo« in potisnemo s cvetovi navzdol v vrč s pijačo. Pustimo nekaj ur, potem šopek odstranimo in tekočino precedimo. Preizkusimo, kako oslad obogati okus pijače.

S cvetovi oslada lahko odišavimo marmelado, čežano, kompot, sorbet, sladoled ali jogurt. Po njihovi zaslugi jedi tako dobijo popolnoma nov priokus. Sveže cvetove lahko dodamo stepeni smetani, ki jo dodamo kolaču. Iz njega lahko pripravimo sirup na enak način, kot pripravimo bezgov sirup. Cvetove lahko pomočimo v testo, ki ga naredimo tako kot za palačinke in ocvremo v olju, enako kot delamo ocvrte bezgove cvetove. Liste oslada dodamo juham in omakam, mlade liste pa tudi solatam. Suhe ali sveže cvetove uporabimo za dekoracijo hrane. Lahko pa jih tudi zamrznemo in uporabljamo tekom celega leta.

Sorbet z jagodičevjem in osladom

½ kg zamrznjenega jagodičevja (borovnice, jagode, maline...)
2 pesti svežih cvetov oslada
4 žlice medu
sok ½ limone

Cvetove oslada osmukamo, stebla odstranimo. V mešalniku zmešamo zamrznjeno sadje, nato dodamo med, cvetove oslada, limonin sok in zmešamo, da nastane enakomerna masa. Nadevamo jo v lepe kozarce, okrasimo s svežimi ali zamrznjenimi sadeži ter sladico okrasimo s cvetovi oslada. Takoj postrežemo.

Šopek z osladom

Tako kot je kraljica Elizabeta I z osladom odišavljala svoje prostore, si ga lahko umislimo tudi mi v svojih bivališčih. Ni potrebno, da njegove cvetove posipamo po tleh, kot so jih v kraljičinih prostorih, ker bo potem veliko dela s pometanjem. Namesto tega naredimo lep šopek z osladom in drugimi travniškimi rastlinami, ki cvetijo v tem času. Postavimo ga v vazo, da nam njegov vonj razvaja dušo in prinese srečo, kot so verjeli nekoč. Oslad je prav lep okras tudi skupaj z vrtnicami ali potonikami, ali pa popolnoma sam brez drugih cvetic. Meni se zdi kot čipkast poročni šopek. Uporabimo svojo domišljijo. Spodaj je »recept« za Melitin šopek.

- močvirski oslad
- divji nageljčki
- ivanjščice
- razne trave

Materina dušica

Thymus serpyllum

Moja zgodba

Materina dušica je neopazno sama zašla tudi na našo zelenico ob hiši. Verjetno je prišla k nam skupaj z zemljo, ki smo jo od nekje pripeljali, ko smo pred leti zasipali gradbeno jamo okrog novozgrajene hiše. Ker je mož kot dober gospodar vsa leta zelenico okrog hiše skrbno kosil, je dolgo nismo niti opazili, saj ni uspela zacveteti. Pred leti pa smo bili na daljšem potovanju in trava okrog hiše nam je precej zrasla. Ko smo se vrnili domov, je materina dušica ravno cvetela. Tedaj smo jo presenečeno zagledali, kako lepo se je razcvetela tik ob hiši in opozorila na svojo prisotnost, češ: »Tukaj sem že vsa ta leta, pa me ne opazite!« Razveselili smo se je in jo sprejeli v družbo ostalih zelišč na vrtu. Tako imamo svežo materino dušico, ki je k nam prišla sama in smo jo posvojili, pri roki celo leto.

Materino dušico nabiram »z dušo«. Nabiram jo z mislijo, kako bo koristila meni, moji družini in prijateljem. Navadno kar sedem na tla poleg grmička, potem pa s škarjami previdno odrežem stebelca nekaj centimetrov pod vijolično cvetno glavico. Na grmičku pustim vsaj dve tretjini stebelc in nasploh naberem le toliko, kot bomo tisto leto porabili. Tako poskrbim, da ne poškodujem koreninic in da nemoteno raste naprej.

Materina dušica, poljska materina dušica – kako lepo ime za rastlino! Kakšno skrivnost nosijo ti drobni vijolični cvetovi v sebi, da so si pridobili tako lepo ime? Skromna rastlinica, ki okrog sebe širi prečudovit vonj, ki te kar poboža in pomiri. Tako kot materina roka. Opazna postane šele takrat, ko se rastline združijo v večje zaplate na travniku in skupaj zacvetijo ter tako oblikujejo veliko naravno preprogo s čudovitim vzorcem vijoličnih odtenkov. Pozornost vzbudi tudi takrat, ko zacveti kar tako, iz skale, kjer je našla svoje rastišče v špranji s prgiščem zemlje. Tako se trudi preživeti v še tako nemogočih razmerah.

Po takšne nepozabne prizore materine dušice sva hodili s prijateljico Matejo in prav nikoli se jih nisva naveličali. Kamorkoli sva šli na najine pohode, vedno sva jo srečevali; na bližnjih hribih, ob morju in v gorah. Samo opazovali sva vijolične zaplate cvetov materine dušice, ki so se kopale v sončni svetlobi, sredi zelenih travnikov in v družbi drugih rastlin, in dovolile čebelam, da jih obletavajo. Tudi nama so dovolile, da jih občudujeva. Takšni pogledi na rastline si zaslužijo, da se zaradi njih ustavimo. Morda celo sedemo poleg rastline, jo opazujemo in vonjamo ter njej in vsej naravi okrog nje namenimo poseben poklon. Občutimo hvaležnost, da nam je dano to videti, občutiti in da smo del tega stvarstva. Takrat nastopi čas, da svoje misli upočasnimo in se prepustimo prijetnim energijam, ki nas preplavijo: »Materina dušica - ali ima ta čudovita rastlina svojo dušo, svojo življenjsko energijo?« Takšni darovi narave so namenjeni čisto vsakemu od nas, če se le želimo ustaviti in jih sprejeti.

Sama se pogosto ustavim ob njej in se prepustim mislim. V takšnih zatočiščih narave imam idealne pogoje, da v miru razmišljam o tem, o čemer v vsakodnevnem hrupu ne morem. Takrat lahko umirim svoj um in iščem v sebi in okrog sebe nekaj več. Iščem povezavo med biologijo celic in energijo, med svojo dušo in dušo vsega okrog mene, med zavestjo in podzavestjo ter poizkušam odkrivati moč, ki jo imam, tako kot vsak od nas, skrito v sebi in jo s pridom uporabljati. Ko sem iskala dokaze za to, da energija našega uma zares vpliva na telo in dogajanje okrog nas, v dobrem ali slabem smislu, sem jih našla v knjigi ameriškega biologa dr. Brucea H. Liptona, z naslovom Biologija prepričanj – znanstveni dokaz o nadvladi uma nad snovjo. Lahko rečem, da je bila to prelomna knjiga v mojem življenju, saj sem v njej našla veliko odgovorov na svoja vprašanja in znanstvene dokaze za to.

»Pazi, kaj misliš! Misel je energija. To, kar misliš, tudi prikličeš.« Vse to dokazano drži. S svojimi dobrimi mislimi se najraje družim takrat, ko grem v naravo, med rastline. Takrat, moje celice vibrirajo v nežni, prijetni frekvenci, ki zdravi telo in dušo.

Preizkusite tudi vi!

O rastlini

Materina dušica *(Thymus serpyllum)*, pravimo ji tudi divji timijan ali poljska materina dušica, je sorodnica vrtnega timijana *(Thymus vulgaris)*. Rastlini sta si po videzu, učinkovinah in uporabnosti zelo podobni, razlikujeta se predvsem v vsebnosti timola, ki ga ima vrtni timijan več. V kulinarične namene se nekoliko pogosteje uporablja vrtni timijan, za lajšanje zdravstvenih težav pa se pogosteje uporablja materina dušica.

Materina dušica je samonikla trajnica z majhnimi lističi na plazečih se olesenelih stebelcih, velikih deset do dvajset centimetrov, ki se plazijo nad tlemi. Končajo se s cvetočim socvetjem, ki je nekoliko obrnjeno navzgor, da doseže čim več sonca. Rastlina spada v družino ustnatic *(Lamiaceae)*. Je zelo nezahtevna, raste tudi na slabo rodovitnih, peščenih ali kamnitih tleh. Cveti od maja do avgusta, za rast pa potrebuje veliko sončne svetlobe.

Lističi so drobni, ovalni in veliki do pet milimetrov. Nanizani so vzdolž celega stebelca in ostanejo zeleni tudi pozimi. Cvetovi so združeni v okrogla socvetja, ki so roza do vijolične barve. Posamezni cvetki v socvetju se odpirajo postopno, nekaj je že popolnoma odprtih, nekaj pa še v popkih. Cvetovi in listi lepo dišijo, vonj malo spominja na limono, okus pa je rahlo pikanten. Materina dušica je znana medonosna rastlina, čebele jo obožujejo. Pazite, da jih ne zmotite, ko jo opazujete ali nabirate.

Svežo materino dušico nabiramo skozi celo leto in jo uporabljamo sproti. Lahko pa jo tudi posušimo za čaj ali zmeljemo v prah in dodajamo kot začimbo v hrano.

V eteričnem olju materine dušice sta najpomembnejši sestavini timol in karvakrol, ki dokazano delujeta proti bakterijam, virusom in glivicam. Vsebuje pa še linalol, geraniol, borneol, rožmarinsko kislino, tiamin (vitamin B_1)....

Razširjena je v Evropi, zahodni Aziji, severni Afriki in Ameriki.
Drugo ime za materino dušico *(Thymus serpyllum)* je tudi divji timijan. Latinska beseda *thymus* pomeni močan, *serpyllum* pa plazeč se. Tuja imena za rastlino so: *wild thyme* (angl.), *creeping thyme* (angl.), in *Feld Thymian* (nem.).

Zgodovina

Obstajajo dokazi, da so stari Egipčani v zgodovini uporabljali materino dušico za balzamiranje trupel. V antičnih časih so materino dušico uporabljali vojaki za večjo moč in pogum tako, da so vdihavali dim goreče suhe materine dušice ali pa so sveže šopke nosili v žepu uniforme.

V srednjem veku so jo uporabljali za preprečevanje kuge in drugih bolezni, saj je bila materina dušica ena glavnih sestavin v zvarkih proti mikrobnim boleznim. Verjeli so, da uživanje materine dušice med obrokom varuje pred strupi, zato so ga še posebej pogosto uživali tisti cesarji, ki so se bali, da jih bo kdo zastrupil s hrano. V 19. stoletju so za zdravljene bojnih ran vojakov namakali povoje za rane v vodne poparke iz materine dušice in z njimi obvezovali rane, da so se zato hitreje celile.

Zaradi njenega prijetnega vonja in antimikrobnih lastnosti so jo nekoč uporabljali kot sredstvo za konzerviranje hrane. Stoletja pa je bila materina dušica ena najbolj priljubljenih začimb, ki so jo dodajali hrani za izboljšanje okusa in vonja.

Naše mame in babice so posušeno materino dušico napolnile v majhne blazinice, ki so jih segrele in dajale na prsni koš majhnim otrokom za pomiritev hudega kašlja. Dajali so jo v kopeli za sproščanje in pomirjanje ter za lepšanje kože, polagali so jo pod vzglavje, da je omogočala boljši spanec in odganjala nočne more. V obliki čaja so jo uporabljali pri prehladih, bolečem grlu, proti kašlju in krčem v trebuhu, tako kot še danes.

Razlag glede njenega izvora imena je precej. Morda se tako imenuje zato, ker ima podobne pomirjevalne učinke kot mati, ki z božanjem pomiri svojega otroka. Obstaja pa tudi legenda o izvoru njenega imena. Revni majhni deklici je zaradi kuge umrla mama. Ker je oče vse dneve delal, je deklica vsak dan sama hodila na skromen materin grob. Nekoč je na grobu zacvetelo veliko majhnih vijoličnih cvetic. Naslednjič je deklica vsa vesela pripeljala na grob očeta, da bi mu pokazala cvetice. Vprašala ga je, kako se imenujejo. Oče, ki je bil v zadregi, ker imena cvetice ni poznal, se je znašel in rekel: »To je materina dušica. Poglej, kako so cvetovi lepi in nežni, kot je nežna duša tvoje pokojne mamice.« Takrat naj bi divji timijan dobil ime materina dušica.

Zdravje

Materina dušica se tradicionalno uporablja za pomirjanje kašlja, saj razredči sluz, zmanjšuje vnetje sluznice in pomaga pri izkašljevanju, poleg tega pa v dihalih deluje tudi antiseptično. V ta namen lahko pripravimo čaj, sirup ali inhalacije. Znana je tudi njena zunanja uporaba kot antiseptik za razkuževanje ran na koži in proti aknam ter proti vnetjem v ustni votlini.

Mazilo ali oljni macerat iz materine dušice uporabljamo zunanje za hitrejše celjenje manjših ran, lahko pa ga vtiramo v prsni koš ob hudem kašlju. Uporabljamo ga za masažo mišic, saj deluje tudi tako, da sprošča mišične krče. Uporablja se za lajšanje prebavnih motenj in napenjanja, proti črevesnim zajedavcem in kot diuretik.

Kopeli ali inhalacije z materino dušico se uporabljajo za sproščanje psihičnih napetosti in proti nespečnosti ter za sprostitev dihalnih proti pri kašlju ali vnetjih sinusov.

Kako pripravimo dišečo kopel z eteričnim oljem? Približno deset kapljic eteričnega olja zmešamo s pol decilitra smetane in premešamo. Nato zlijemo v kad s toplo vodo. Tako naredimo zato, ker eterično olje v vodi ni topno in bi sicer plavalo po površini vode, pri tem pa bi nam lahko lokalno dražilo kožo. Ko pa ga najprej zmešamo s smetano, ki vsebuje maščobo, se eterično olje emulgira in tako v vodi bolj enakomerno razporedi. Druga možnost je, da pripravimo približno en liter poparka s posušeno materino dušico, ki ga pripravimo enako kot čaj. Po petih do desetih minutah precedimo v kad z vodo. V kadi uživamo petnajst do dvajset minut in dovolimo, da nas prijetne vonjave materine dušice objamejo in pomirijo. Na enak način pripravimo kopeli tudi z drugimi z eteričnimi olji ali posušenimi rastlinami.

Kulinarika in drugo

Listi in cvetovi materine dušice so uporabni v kulinarične namene kot začimba, in sicer sveži ali posušeni. Uporabljajo se podobno kot njen sorodnik, vrtni timijan, le da je materina dušica manj intenzivna po vonju in okusu.

Uporabimo jo lahko v namazih, juhah, v polivkah za solate, nadevih za zelenjavo ali meso, za mariniranje mesa, ob pečenem krompirju in paradižniku. Z njo aromatiziramo olja, kis ali iz nje pripravimo zeliščno sol. Pri kuhi jo lahko dodamo že v začetku, saj dolgo ohranja svoj vonj in okus.

Aromatiziran kis z materino dušico pripravimo tako, da naberemo sveže cvetoče rastline, jih prelijemo z jabolčnim kisom, pustimo dva tedna in precedimo.

Svežo materino dušico lahko dodamo omletam ali drugim jajčnim jedem, cvetove in mlade listke materine dušice pa lahko uporabimo za okrasitev jedi.

Sirup iz materine dušice

Kako lahko uporabljamo ta sirup? Kot zdravilo in kot hrano. Za blaženje kašlja vzamemo žlico sirupa trikrat na dan ali pa ga dodamo čaju. Za kulinarične namene pa ga lahko vmešamo v sladko smetano, ki jo uporabimo za sladice. Lahko ga dodamo limonadi ali pa sirup razredčimo le z mineralno vodo in pripravimo okusen napitek. Iz njega lahko pripravimo tudi liker ali pa ga uporabimo v koktajlih, ki bodo tako prav posebni.

200 g sladkorja
200 ml vode
5 g posušene materine dušice

Vodo in sladkor počasi segrevamo tako dolgo, da zavre, nato pa pustimo počasi vreti še deset minut. Zatem dodamo materino dušico, premešamo in pustimo počasi vreti še pet minut. Vmes nekajkrat premešamo. Nato odstavimo, pokrijemo in pustimo, da se ohladi.

Tako dobljeni ohlajeni sirup precedimo skozi cedilo, v katerega namestimo gazo ali kos papirnate brisače in z njim napolnimo čisto in dezinficirano steklenico.

Steklenico dobro zapremo in opremimo z etiketo, na katero navedemo vsebino in datum izdelave. Hranimo na hladnem in temnem.

Pečen krompir s slanino in materino dušico

8 srednje velikih mladih krompirjev
8 rezin slanine
0,5 dcl oljčnega olja
šopek sveže materine dušice
sol

Omaka
2 žlici kisle smetane
1 dcl jogurta
nekaj stebelc sveže materine dušice
nekaj cvetov ognjiča
sol, poper

Gomolje krompirja dobro operemo, če je potrebno, pa tudi zdrgnemo s ščetko. Nato ga narežemo na tanke rezine v obliki pahljače. Pri tem uporabimo naslednji trik: na desko za rezanje položimo ročaj lesene kuhalnice, poleg njega pa vzdolžno namestimo krompir. Nato z nožem zarežemo v krompir, in sicer tako globoko, dokler ne dosežemo podstavljenega ročaja kuhalnice, ki nam prepreči, da bi zarezali krompir do konca. Tako nadaljujemo vzdolž cele dolžine gomolja v razmikih od treh do petih milimetrov.

V zareze krompirja položimo narezane tanke koščke slanine. Če je potrebno, še malo dosolimo. Upoštevajmo, da je slanina že precej slana. Na koncu preko krompirja prelijemo olje, ki ga pripravimo tako, da oljčnemu olju primešamo drobno nasekljano svežo materino dušico. Tako pripravljen krompir položimo na papir za peko v pekač. Pečemo v pečici pri 170 °C približno petinštirideset minut, po potrebi čas prilagodimo glede na velikost krompirjevih gomoljev.

Vmes pripravimo omako. V posodici zmešamo kislo smetano, jogurt, sol in poper. Dodamo sveže cvetove in lističe materine dušice. Če želimo, lahko dodamo še oranžne listke cvetov ognjiča ali drugih zelišč, da še dodatno popestrimo omako.

Pečen krompir položimo na krožnik, jed lahko dekoriramo še s svežimi cvetovi materine dušice. Zraven postrežemo zeliščno omako. To je odlična glavna jed, ki ji lahko dodamo še svežo solato.

Lipa

Tilia platyphyllos

Moja zgodba

Lipa, mogočno drevo na dvorišču domačije, pod njo pa kamnita miza, okrog katere poleti v hladni senci počivajo člani družine in sosedje, ko obujajo spomine iz preteklosti in delajo načrte za prihodnost. Tako je bilo na Dolenjskem nekoč skoraj pri vsaki hiši na vasi.

Tudi mi smo posadili majhno navadno lipo na vrtu ob novi hiši, v katero smo se vselili kot mlada družina. Raste skupaj z nami, živi z nami, sedaj je že velika. Pogosto posedamo pod njo in pustili smo ji celo, da svoje veje razteza skoraj do tal in nas tako njena krošnja skrije v svoje nedrje in nudi zasebnost na vrtu. Z možem Vilijem pod lipo pogosto pijeva kavo in opazujeva najine tri fante Benjamina, Leona in Nika, hišo in vrt ter zadovoljno razmišljava o letih, ko smo vse to ustvarjali. Pod to lipo se nam je porodilo tudi mnogo idej in načrtov za naprej. Tu, ob sproščujočih vonjavah lipovih cvetov, se pogosto odvije kakšen dolg pogovor s katerim od sinov. V varnem okrilju vej drevesa se včasih razgovorijo, odprejo in povedo marsikatero dogodivščino, željo, načrte in svoja razmišljanja. To so za nas še posebej dragoceni družinski trenutki.

Ko se uležem na ležalno mrežo, ki smo jo napeli med debloma lipe in sosednjega javora, opazujem živo zeleno listje srčastih oblik, ki se živahno gibljejo v vetru. V ozadju zagledam sinje modro nebo in takrat se počutim, kot da me je krošnja srkala vase in me pestuje. Najlepše je poležavati pod lipo takrat, ko je vsa v cvetju. Ko daleč naokrog tako lepo diši po cvetnem nektarju, ki privabi na stotine čebel, da buči kot v čebelnjaku. Vonj lipovih cvetov in brenčanje čebel sta kot aromaterapija in apiterapija, oboje čudovito pomirja.

Naša lipa nudi dom mnogim pticam. Nanjo smo namestili ptičjo hišico in nekoč je imela sinica v njej mladičke. Njihovo čivkanje se je slišalo vsakič, ko je mama sinica prišla na vhod s hrano. Na tej lipi smo večkrat videli tudi sovo – malo uharico z mladiči, kar se nam je zdelo prav neverjetno. Bili smo veseli, da se ji je zdelo v naši bližini dovolj prijetno za njen naraščaj. Grlice pa imajo to drevo kar za stalen dom. Njihovo gruljenje nas spominja na dom, kjerkoli že smo.

O rastlini

Lipa je listopadno drevo, ki zraste tudi do trideset metrov visoko in oblikuje široko krošnjo. Spada v družino lipovk *(Tiliaceae)*. Lahko raste tudi več stoletij. Če pogledamo krošnjo od daleč, tudi ta, tako kot posamezni listi, spominja na obliko srca. Pravijo, da imajo krošnje dreves tako obliko, kot je oblika njihovih listov. Pri lipi to zagotovo drži. Raste v mešanih gozdovih v srednji in južni Evropi ter v severni Ameriki in delih Azije. Ljudje jo pogosto nasadijo kot okrasno drevo v drevorede ali kot samostojno drevo na dvorišču. Daje senco, pogoje za lipov med in dober čaj ob prehladu.

V Evropi je poleg navadne lipe ali velikolistne lipe *(Tilia platyphyllos)* razširjena tudi malolistna lipa ali lipovec *(Tilia cordata)*. Navadna lipa je večja od lipovca in ima tudi precej večje liste. V socvetju ima dva do pet cvetov in cveti konec junija, medtem ko ima lipovec tri do deset cvetov. Navadna lipa cveti približno dva tedna pred lipovcem. Uporabni sta obe vrsti, njuni zdravilni učinki so tudi zelo podobni.

Listi imajo na spodnji strani izrazite žile, na zgornji pa so porasli z drobnimi dlačicami. Cvetovi so drobni, rumeni z velikimi prašniki, ki rastejo na dolgih pecljih, združeni v manjša socvetja. Ta so priraščena na podolgovate ovršne liste. Ti so svetlozelene barve in mrežasto prepredeni z žilicami, ki podpirajo drobne cvetove in kasneje pomagajo pri lažjem raztrosu plodov. Po cvetenju nastane droben, okrogel, trden plod kot majhen oreščček, ki ima v sebi semena. Ko zapiha veter, se plodovi skupaj z ovršnimi listi z vrtinčenjem v zraku razširijo naokrog. Veliko plodov pa ostane na drevesu še dolgo v zimo, ko listi že davno odpadejo. Skorja je sivo rjave barve, vzdolžno razbrazdana.

V cvetovih je zelo malo eteričnega olja. Ta vsebuje farnesol, geraniol in evgenol, ki dajejo rastlini značilen vonj. Lipa vsebuje flavonoide: rutin, kvercetin in tilirozid, ki delujejo kot antioksidanti. V cvetovih so prisotne sluzi. Vsebujejo tudi tanine, ki delujejo kot adstringenti in jih je največ v ovršnem listu.

V zdravilne namene se v glavnem uporabljajo lipovi cvetovi. Ko jih nabiramo, jih odtrgamo skupaj z ovršnim listom, in sicer v suhem in sončnem vremenu, vsaj dan prej ne sme biti dežja. Cvetovi morajo biti odprti do dveh tretjin, ovršni listi ne smejo biti rjasti. Če nabiramo cvetove po tem, ko so že vsi odprti, nimajo več tako velike zdravilne vrednosti. Cvetove posušimo v senci, pravilno posušeni ohranijo prvotno obliko in barvo.

Tuja imena za lipo *(Tilia platyphyllos)* so *basswood* (angl.), *lime tree* (angl.) in *Linden* (nem.).

Zgodovina

Lipa je bila za stare Slovane sveto drevo, drevo ljubezni in pravičnosti, ki ščiti pred zlom. Ljudje so verjeli, da vanjo strela nikoli ne trešči, zato so jo sadili blizu domov. Njene veje so pričvrstili na strehe, da bi zaščitili hiše in hleve.

V srednjem veku je bila lipa vedno v središču vasi, trga ali mesta. Pogosto je bila tudi na dvorišču domačij. Pod vaškimi lipami se je dogajalo družabno življenje, prebirale so se novice, pripovedovale zgodbe in sprejemale velike odločitve. Pod lipo so pogosto zaigrali na harmoniko in se veselili. Veljalo je, da se pod lipo lahko govori samo resnica. Tradicionalno se je lipo posadilo na dan, ko se je rodil moški potomec. Nekoč so lipe sadili tudi okrog bolnišnic, da so imeli čaj za bolnike z vročino čim bolj pri roki.

Lipa se že stoletja uporablja v ljudski medicini kot zdravilo, in sicer se uporabljajo cvetovi, lubje in oglje. Lipov les je zaradi svoje mehke strukture odličen za oblikovanje in izdelavo delikatnih izdelkov, kot so instrumenti.

Pogosto so lipo sadili tudi poleg cerkva. Na bližnji vinogradniški gorici, Trški gori je cerkev, ki je bila zgrajena 1623. leta. Nekako takrat pa so bile poleg cerkve posajene tudi lipe. Sedaj so te častitljive prebivalke Trške gore stare že 400 let. Pod njimi pa še danes, tako kot nekoč, stoji stoletja stara kamnita miza, kjer se romarji in pohodniki lahko odpočijejo in ohladijo. Na starih fotografijah lahko vidimo, kako so se ob nedeljah po maši v senci teh lip okrog kamnite mize zbirali okoliški domačini. Te lipe so danes zaščitene kot naravna dediščina. Vedno, kadar pridem tja, čutim spoštovanje do njih, do njihove trdoživosti in do tega, da v svojih vejah skrivajo mnogo zgodb obiskovalcev, pa tudi zgodb naših prednikov, ki so stoletja prihajali tja.

Lipov list je igral tudi pomembno simbolno vlogo v času osamosvajanja Slovenije.

Zdravje

Čaj iz lipovih cvetov se tradicionalno uporablja za zniževanje povišane telesne temperature ob gripi in prehladu, saj pospešuje potenje (diaforetično delovanje). Čeprav doslej lipi znanstveno niso dokazali tega delovanja, pa obstaja prepričanje, da je ta učinek posledica tega, da toplega lipovega čaja zaradi dobrega okusa spijemo nekoliko več, to pa povzroči potenje.

Sluzi, ki jih vsebujejo cvetovi, pomagajo proti kašlju, saj zmanjšujejo lokalno draženje sluznice. Ima dokazano antioksidativno delovanje in posledično protivnetno delovanje.

Lipa tudi pomirja in zmanjšuje stres, zmanjšuje utesnjenost in pomaga pri nespečnosti.

Uporablja se tudi les, predvsem njegovo aktivno oglje, ki ima močne adsorbtivne sposobnosti in deluje proti zgagi in driski. Sok, pridobljen iz debla lipe, stimulira delovanje jeter in regulira izločanje žolča.

Dolgotrajna uporaba ni priporočljiva, saj neugodno deluje na delovanje srca. Njegovi uporabi naj se izogibajo tudi nosečnice.

Kulinarika in drugo

Mladi, mehki in svetleči listi so uporabni kot dodatek k solati ali v sendviču. Užitni so tudi listni popki in mladi cvetovi. Iz cvetov lahko naredimo lipov sirup ali marmelado. Če lipovemu sirupu dodamo še zgoščevalec za marmelade, dobimo marmelado, ki jo kot redko specialiteto uporabimo kot namaz pri zajtrku, z njo lahko premažemo rolado in palačinke ali pa jo najprej vmešamo v smetano in potem uporabimo za premaz sladic.

Še posebej okusno je, če lipove cvetove prelijemo z vročim mandljevim mlekom in pustimo stati petnajst minut, nato precedimo in spijemo. Mešanica lipovega in mandljevega okusa je čudovita.

Izredno cenjen pa je tudi lipov med, ki je nežne svetle barve, a izrazito aromatičen. Lipa je namreč znana kot odlična paša za čebele.

Če želite iti korak dlje, lahko posušite mlade lipove liste in jih zmeljete, nato pa jih uporabite kot posip v raznih nenavadnih kombinacijah v kuhinji.

Nekateri uporabljajo tudi lipove plodove, jih pražijo, nato pa zmeljejo v moko. Okus je podoben čokoladi, takšna moka je uporabna predvsem pri izdelavi slaščic.

Lipov čaj

2 čajni žlički posušenih lipovih cvetov

2 dl vrele vode

Z vrelo vodo prelijemo posušene lipove cvetove. Pustimo stati v pokriti posodi deset minut, nato precedimo.

Čaj lahko osladimo z lipovim medom ali dodamo limonin sok. Še posebej prija zvečer pred spanjem ali pa ga pijemo pri prehladu.

Okusen čaj dobimo tudi, če lipovim cvetovom primešamo še nekaj bezgovih cvetov.

Lipov sirup z vrtnicami

1 liter vode

1 kg sladkorja

3 pesti svežih lipovih cvetov

20 g citronske kisline

1 pest suhih cvetov rdeče damaščanske vrtnice

Vodo in sladkor zavremo in pustimo, da se ohladi. Nato dodamo cvetove lipe in vrtnice. Listi neškropljene vrtnice so prav tako užitni in sirupu dodajo čudovito rožnato barvo. Lahko pa vrtnice tudi izpustimo in naredimo sirup samo iz lipovih cvetov, takšen sirup bo rumen.

Pustimo dva do tri dni, vmes večkrat premešamo. Nato precedimo in dodamo citronsko kislino ter zavremo. Natočimo v sterilizirane steklenice in dobro zapremo.

Sirup lahko uporabimo poleti kot osvežilni napitek, razredčen z mineralno vodo, lahko mu dodamo limonin sok ali pa ledene kocke, v katerih so kot posebno presenečenje zamrznjeni lipovi cvetovi.

Lahko pa par kapljic nerazredčenega rožnatega sirupa previdno spustimo v že razredčen sirup, ki se počasi posedejo na dno kozarca, potem dodamo še nekaj kapljic limoninega soka in okrasimo z nekaj lipovimi cvetovi. Tako dobimo brezalkoholni koktajl, ki je čudovit na pogled in še zdrav povrhu.

Morski koprc
Crithmum maritimum

Moja zgodba

Včasih, ko sem ležala na plaži in se med branjem knjige občasno mežikajoče ozirala proti lesketajočemu morju, mi je pogled zakrival šopek zelenja, ki je molel iz bližnjega kamenja. Samo rasel je tam in mi nekoliko motil razgled, vedno na istem mestu ob mojem priljubljenem kotičku na plaži. Med hojo po kamnih sem grmiček samo prestopala, ne da bi se menila zanj.

Nekega poletnega dne pa sem s sosedo Mojco kramljala na plaži. Pripovedovala mi je o svojem vrtu in o tem, koliko plevela raste na njem. Vendar ga ne puli in meče stran, ampak ga nabira in pripravlja v raznih različicah divjih solat. Mnogo rastlin, ki jih imamo danes za plevel in rastejo samoniklo, je užitnih. V sebi imajo veliko hranilnih snovi, pa še okusne so in brezplačne povrhu. Med pogovorom mi je mimogrede pokazala na zeleni grmiček, ki je rasel poleg naju, na katerem so čvrsti voskasti listi rastli v šopu kot nekakšen skupek kremplјev ali jelenovih rogov, in rekla: »Tudi tole je užitno, to je morski koprc.« To informacijo sem pospravila nekam globoko v spomin, da je počakala, dokler ni zanjo prišel pravi čas.

In res je kmalu prišel. Njenih besed nisem mogla pozabiti. Kmalu za tem so me tako imenovani »pleveli« oziroma samonikle užitne rastline začele bolj zanimati. Želela sem narediti pozitivne spremembe v naši prehrani in sem zato iskala samo eko in bio zelenjavo, brez herbicidov in insekticidov, takšno, ki do nas ne bo prišla iz velikih rastlinjakov in po stotinah kilometrih vožnje. Takrat sem ugotovila, da imam tako zelenjavo – plevele, samonikle užitne rastline vsenaokrog, da se mi čista in brez vsake kemije sama ponuja na dosegu roke. Sem spada tudi morski koprc, divja zelenjava z okusom morja, ki je prav zares nekaj čisto posebnega.

Sedaj morski koprc dobro poznam in z veseljem opazujem, kako raste tekom celega leta. Čvrsta voskasta zelena rastlina vztrajno raste v najbolj nemogočih razmerah, v sami skali z nekaj malega zemljice v špranjah. Raste na ravno pravšnji razdalji do roba morja, da jo ta lahko med valovanjem le poprši, a hkrati dovolj daleč, da je nikoli ne poplavi. Pravijo, da morski koprc nikoli nima »mokrih nog«, le morski prš seže do njega in ga rosi. Lepo krasi in mehča ostre skale ob morju in tam vztraja. Točno tam, kjer si ne drzne rasti nobena druga rastlina.

O rastlini

Morski koprc je samonikla trajnica, ki raste na peščenih ali skalnatih tleh v neposredni bližini morja, pogosto na skalnih pečinah. Ne prenese sence, obožuje močno sonce. Je slanuša ali halofit, saj uspeva na tleh, ki vsebujejo velike koncentracije soli. Je deset do trideset centimetrov visok grmiček, ki je spodaj delno olesenel. Spada med kobulnice *(Apiaceae)*.

Posamezni listi so suličasti, veliki od enega do dveh centimetrov. So mesnati in prekriti s posebno voskasto snovjo, ki preprečuje izparevanje vode. Po steblu so razporejeni tako, da spominjajo na obliko jelenovih rogov. So zelo aromatični, njihov okus spominja na slano korenje, peteršilj ali koper, kar ni čudno, saj so to botanični sorodniki.

Cveti od junija do avgusta. Cvetovi so majhni, zeleno rumeni, združeni v večje kobule. Semena dozorijo med septembrom in oktobrom. Ponekod mu pravijo tudi morski komarček. Raste na obalah Mediterana, Anglije, severne Afrike in ob Črnem morju.

Eterično olje morskega koprca vsebuje cineol, terpinen, acetat, sabinen, pinen in limonen. Zaradi visoke vsebnosti fenolnih spojin, zlasti klorogenske kisline in flavonoidov, ima antioksidativne učinke. Dokazali so antimikrobne aktivnosti njegovega eteričnega olja. Listi morskega koprca vsebuje visoko koncentracijo vitamina C in mineralov (kalij, natrij, kalcij, magnezij, železo in jod).

Zdravje

Kot zdravilo se danes precej redko uporablja. Deluje kot diuretik, digestiv in karminativ, podobno kot komarček. Uporablja se v kurah za razstrupljanje organizma in pomaga pri hujšanju. Zaradi visoke vsebnosti vitamina C je bila nekoč razširjena njegova uporaba za preprečevanje skorbuta. Lahko ga pripravimo kot čaj, ki ima okus po morju, ali pa ga uživamo kot zelenjavo.

Ekstrakt morskega koprca se uporablja tudi v kozmetiki, v negovalnih kremah za zmanjšanje gubic in hiperpigmentacije kože.

Morski koprc

Zgodovina

Prvi zapisi glede uporabe morskega koprca izvirajo že iz antike, kjer navajajo, se ga lahko uporablja surovega, kuhanega ali konzerviranega v slanici. V srednjem veku so ga uporabljali tudi kot diuretik, digestiv, odvajalo, pa tudi proti pikom kač.

Angleški izraz *samphire*, ki je del angleškega imena za morski koprc (angl. *rock samphire*) izhaja iz imena Sv. Peter, ki je bil zavetnik mornarjev. Ti so nekoč morski koprc nabirali na obalah in ga potem jedli na dolgih plovbah kot morsko zelenjavo z veliko vitamina C in tako preprečevali skorbut. Za pomorščake je bil tisti nivo obale, do kjer raste koprc, pomembna orientacija, saj do te višine plima nikoli ni segla in so tako vedeli, kje zasidrati ladje, da ne bi nasedle.

Celo Shakespeare je v Kralju Learu pisal o življenjsko nevarnih podvigih domačinov, ki so se podajali nabirat takrat dragoceni morski koprc na visoke strme klife ob angleški obali.

Morski koprc se v latinščini imenuje *Crithmum maritimum* – beseda *crithmum* izhaja iz grške besede krithe, ki pomeni ječmen, saj so mu semena morskega koprca po obliki zelo podobna. Beseda *maritimum* pa je povezana z njegovim obmorskim rastiščem. Na hrvaških otokih mu pravijo motar ali petrovac, druga tuja imena pa so še: *rock samphire* (angl.), *sea fennel* (angl.) in *Meerfenchel* (nem.).

Kulinarika in drugo

V kulinariki je morski koprc spet vedno bolj priljubljen kot lokalna bio »morska zelenjava«. Spet ga uporabljajo v najboljših obmorskih restavracijah kot posebno specialiteto, zlasti kot zanimivo in zelo zdravo prilogo ribam in morskim sadežem.

Nabiramo mlade, nežne listke spomladi in zgodaj poleti pred cvetenjem. Ko koprc zacveti, postanejo listi že grenki, okus ni več prijeten. Seveda ga nabiramo daleč stran od turistov in plaže na čim bolj nedostopnih delih obale.

Lahko ga uporabljamo surovega, zlasti nežne mlade lističe, nabrane spomladi. Okus spominja na korenje, kapre, mešanico slanega, kislega, grenkega in sladkega obenem. Bolj pogosto uporabljamo kuhanega tako, da vre približno deset do petnajst minut v neslani vodi. Ker je slanuša, namreč že sam vsebuje precej soli.

Morski koprc se največkrat pripravlja kot enostavna priloga tako, da liste podušimo skupaj s česnom in dodamo kuhan krompir. Lahko ga pripravimo podobno kot šparglje, v omleti z gobami, ga posujemo po pici ali pa iz njega naredimo namaz.

Domačini na otokih ga tudi vlagajo v kis na podoben način kot kisle kumarice in so zlasti pozimi posebno okusna specialiteta ob narezku. Liste lahko tudi zamrznemo, saj to ne zmanjša njihove aromatičnosti. Morski koprc sodi tudi v marinade za meso skupaj z ostalimi bolj znanimi zelišči. Lahko naredimo juho samo iz koprca ali skupaj z drugo zelenjavo, zanimiv pa je tudi kot dodatek v rižoti ali omaki za testenine. Če smo dovolj pogumni, ga lahko pripravimo na mnogo načinov.

Namaz iz morskega koprca in oliv

3 pesti svežih mladih listov morskega koprca
100 g izkoščičenih črnih oliv
50 g pasirane skute
¼ dcl oljčnega olja
sok ¼ limone
sol, poper
1 francoska štruca

Sveže liste morskega koprca drobno narežemo in jih skupaj z olivami, skuto in delom olja z mešalnikom zmešamo v gosto maso. Dodamo limonin sok, sol, poper in preostalo olje ter še malo pomešamo.

Francosko štruco narežemo na rezine in popečemo. Nato jih pokapljamo z oljčnim oljem in nadevamo namaz, ki ga lepo oblikujemo s pomočjo dveh čajnih žličk. Okrasimo z majhnim koščkom limone in nekaj lističi morskega koprca. Postrežemo kot zdravo predjed ali malico.

Riba s krompirjem in morskim koprcem

Večina naših prijateljev je morski koprc prvič poizkusila pri nas, ko so nas obiskali na morju. Ko so pri nas na obisku, z možem Vilijem rada pripraviva ribo s krompirjem v pečici in prilogo iz morskega koprca. Seveda imam jaz z nabiranjem koprca bistveno lažje delo kot Vili, ki poskuša ujeti ribo med potapljanjem na vdih. In riba, ki je primerna za v pečico, naj ne bi bila ravno majhna.

riba (vsaj 1 kg)
1 kg mladega krompirja
1 čebula
1 dcl suhega belega vina
3 žlice smetane za kuhanje
zelišča: rožmarin, origano, kraški šetraj, žajbelj...
oljčno olje
2-3 pesti listov morskega koprca
1 strok česna
limonin sok
sol, poper

Mladi krompir operemo in ga narežemo na kolobarje. Dodamo čebulo, ki jo narežemo na četrtine. Posolimo, popramo, dodamo malo oljčnega olja in pol decilitra vina ter zelišča in vse sestavine v skledi premešamo. Nato krompir enakomerno razporedimo po velikem pekaču, ki smo ga prej prekrili s papirjem za peko in damo v segreto pečico na 170 °C. Pečemo ga približno petnajst minut.

Medtem pripravimo ribo, ki smo jo predhodno očistili, najbolje kar v morju. To pri nas vedno naredi mož že kar takoj po tem, ko jo ujame. Potem ribo osušimo s papirnato brisačo, premažemo z olivnim oljem, v notranjosti malo posolimo in naoljimo. Lahko dodamo kakšno vejico svežega zelišča in jo položimo na krompir, ki je že delno pečen. Pekač damo nazaj v pečico na 170 °C za nadaljnjih štirideset minut. Čas pečenja prilagajamo glede na velikost ribe. Proti koncu pečenja po krompirju pokapljamo mešanico smetane in polovice decilitra belega vina.

Morski koprc pripravimo posebej za prilogo. Lepe zelene listke potrgamo s čvrstih stebel in jih damo v neslano vrelo vodo ter kuhamo deset do petnajst minut. Nato odcedimo, dodamo oljčno olje, žlico limoninega soka in na drobno sesekljan česen ter na rahlo premešamo.

Na dno servirnega pladnja namestimo pečen krompir in morski koprc, na vrh pa damo ribo.

To je posebna večerja za najboljša druženja s prijatelji. Mnogi prijatelji so navdušeni nad ribo, ki je bila posebej zanje ulovljena na zgodnjem jutranjem ribolovu med potapljanjem na dah. Na fotografiji je riba strelka ali skakavka (angl. *bluefish*, lat. *Pomatomus saltator*), ki je precej agresivna roparica v Jadranskem morju in obenem zelo okusna. Še posebej se prilega priloga iz morskega koprca, nabranega na neobljudenem delu morske obale. Zraven sodi ohlajeno suho vino, na primer žlahtina, ki je tipična avtohtona sorta z otoka Krka.

Solata z morskim koprcem

4-5 listov zelene solate
20 dag očiščenih kozic
10 dag graha
1 korenje
1 rdeča pesa
1 jajce
1 pest listov morskega koprca
sol, poper
olivno olje
1 čajna žlička gorčice
limonin sok ½ limone
2 žlici tekočega jogurta

Korenje najprej narežemo na koščke in ga skupaj z grahom skuhamo v slani vodi, odcedimo in ohladimo. Posebej skuhamo rdečo peso, jo olupimo in narežemo na koščke. Jajce skuhamo v trdo in olupimo ter narežemo na četrtine. Kozice popečemo na olivnem olju in dodamo par kapljic limoninega soka.

V servirno posodo za solato najprej na dno namestimo oprane liste zelene solate, na sredino damo korenje in grah, nato koščke rdeče pese. Po vrhu namestimo popečene kozice in narezano jajce. Nato posujemo s svežimi mladimi lističi morskega koprca.

Pripravimo polivko iz olivnega olja, limoninega soka, jogurta, gorčice, soli in popra. Polivko lahko pripravimo v manjšem kozarcu s pokrovom in zmešamo nato pa pokapljamo po solati. Na koncu še okrasimo z vejico morskega koprca, da imajo gostje to rastlino priliko malwo bolj spoznati.

Lahko pa solato tudi zelo poenostavimo, tako da skuhamo koprc, odcedimo, dodamo olivno olje, limonin sok in poper ter premešamo. Po vrhu dodamo na drobno narezano trdo kuhano jajce. Sama to večkrat pripravim takrat, ko gremo poleti na izlet s čolnom. Vili nalovi ribe, ki jih spečemo na žaru, nameščenem na ograjo čolna, jaz pa naberem morski koprc in na čolnu na kuhalniku pripravim to solato. Taka večerja je pravo razkošje v kakšnem samotnem zalivčku ob sončnem zahodu.

Poprova meta
Mentha piperita

Moja zgodba

Meta je med mojimi največjimi rastlinskimi prijateljicami. Imam je zares zelo veliko. Zakaj je temu tako? Ker sem jo posejala takrat, ko še nisem vedela, kako zelo obilno se razraste. Pred leti sem v trgovini s semeni naletela na seme mete in se spomnila, da je sploh še nimam in da bi bilo prav, da si jo tudi jaz preskrbim. Ker takrat še nisem imela svojega vrta, sem to seme prinesla k mami Marinki na Ponikve in ji predlagala, da bi na njivi poleg gredic z zelenjavo posejali še gredico z meto. Takrat se nobena od naju ni zavedala, kaj pomeni posejati meto na prostem. Tisto leto je lepo zrasla in od takrat jo imamo (verjetno za vedno) precej več, kot jo potrebujemo! Če ji ne omejimo prostora tako, da jo posadimo v večji lonec ali zanjo ogradimo le dela gredice z vkopano pregrado, se razraste vsenaokrog.

Sedaj, ko mame ni več, to njivo obdelujeva sama z očetom Pavlom. Na njej si vsako leto urediva zelenjavni vrt. On poskrbi, da je pravočasno pognojeno, zorano ter da je spomladi zemlja zrahljana in pripravljena na setev.

Meti za rast zadostuje že čisto majhen košček korenike, ki ostane v preorani zemlji od prejšnjega leta. Sprva sem jo pulila iz gredic tako kot drug plevel. Potem sem se odločila, da bom živela v sožitju z njo. Da vzdržujem ravnotežje, jeseni, ko nam preorjejo njivo, poberem njene korenike, ki so prišle iz spodnjih plasti zemlje in jih zavržem. Še vedno je ostane dovolj. Naj raste, všeč mi je. Odganja škodljivce, uporabim jo tudi kot zastirko za druge rastline.

Kadar negujem rastline na tem vrtu, se mi zazdi, kot da tam med gredicami začutim mamino prisotnost. Z mano je, tako kot nekoč. Tam sva spet povezani, pogovarjava se. Tolaži me in se veseli z menoj. V mislih vidim njen nasmejan obraz. Svetuje mi kdaj in kam naj kaj posejem. Tako rada je vrtnarila na tem vrtu. Kadar sem jo obiskala, mi je skrbno pripravila zabojček sveže zelenjave, lepo očiščeno, oprano in skrbno zloženo. Sedaj vem koliko truda je vložila v to. Najina meta se na njivi zelo dobro počuti, razrasla se je. Ko jo odtrgam, se razširi enak vonj kot takrat, ko sva še skupaj obdelovali te gredice. Mislim, da mi je bila meta na tej njivi, »podarjena« z nekim globljim razlogom. Na ta vrt se vračam vedno znova, po sprostitev in lepe spomine.

Na našem malem vrtu na Otočcu, ki smo ga uredili ob hiši, ima poleg poprove mete svoje mesto tudi posebna podvrsta – čokoladna meta. Njena stebelca so malenkost bolj rjavkasta, njen vonj in okus pa sta izrazito čokoladna. Spominjata na čokoladice z metino aromo »After eight«, ki jih najbrž vsi dobro poznamo. Do naše čokoladne mete je še posebej ljubezniv najmlajši sin Nik. Spomladi si je zaželel svojo malo metino gredico. Po celem vrtu je iskal mlade poganjke čokoladne mete, saj so se njene koreninice po vrtu razrasle že prejšnja leta. Nato jih je izkopal, navdušeno vonjal lističe in koreninice presadil v svojo gredico. Vsak dan jo je zalival in opazoval, kako raste in mi z veseljem hitel pripovedovati, kako lepo napredujejo njegove rastlinice. Čokoladno meto ima Nik najraje v kombinaciji s čokoladno tortico.

O rastlini

Poprova meta je trajnica, ki sodi v družino ustnatic *(Lamiaceae)*. Grmički mete zrastejo trideset do petdeset centimetrov visoko, posamična zelena stebla so v zgornjem delu razvejana. Listi so ovalni, ob robu nazobčani in paroma drug proti drugem razvrščeni po steblu. Rastlina cveti od julija do avgusta in sicer tako, da nastanejo podolgovata klasasta socvetja drobnih rožnato vijoličnih cvetov. Korenike v zemlji so zelo razpredene in močne.

Za meto je značilno, da se vrste med seboj zelo hitro križajo. Obstaja zares veliko različnih vrst mete, vse pa podobno dišijo in imajo podobno sestavo eteričnega olja. Med najbolj znanimi vrstami je poprova meta *(Mentha piperita)*, ki je naravni križanec med vodno meto *(Mentha aquatica)* in klasasto meto *(Mentha spicata)*. Druge znane vrste so še maroška, korziška in mačja meta. Obstajajo tudi križanci mete, ki po vonju spominjajo na druge rastline, to so jabolčna, jagodova, pomarančna, ananasova, ingverjeva in čokoladna meta. Z njimi se lahko poigravamo v kombinaciji jedi, pijač in sladic.

Liste in mlade vršičke mete nabiramo celo leto. Nabiramo jih postopoma, ne preveč naenkrat, da se rastlina vmes lahko obraste. Največ arome je v svežih listih tik pred cvetenjem.

Meta prvotno izvira iz mediteranskega območja, sedaj je razširjena praktično po vsem svetu in velja za eno najbolj znanih in široko uporabljenih zdravilnih rastlin.

Sestava eteričnega olja mete, ki se pridobiva s parno destilacijo, je odvisna od vrste in od rastišča rastline. V listih je od enega pa do štirih odstotkov eteričnega olja. Glavna sestavina je mentol, ki v eteričnem olju zelo prevladuje, saj ga je skoraj petdeset odstotkov. Poleg tega vsebuje še menton, mentilacetat, cineol, limonen, pulegon, rožmarinsko kislino in nekatere druge komponente.

Tuji imeni za poprovo meto *(Mentha piperita)* sta *pepermint* (angl.) in *Pfefferminze* (nem.). Medtem ko je poprova meta poznana pod imenom *pepermint* (angl.), pa se za klasasto meto *(Mentha spicata)* uporablja poimenovanje *spearmint* (angl.).

Zgodovina

Priljubljenost mete sega daleč nazaj v zgodovino. Našli so jo v piramidah v grobovih starih Egipčanov. Farizeji so celo pobirali davek na pridelek mete, saj je bila v tistem času zelo dragocena. Grki in Rimljani so ob praznovanjih na glavi nosili vence iz mete, z vonjem mete so odišavili svoje bivalne prostore in praznične mize, z njo aromatizirali vino, jo dodajali v juhe ter jo uporabljali za zdravljenje infekcij in osvežitev ustne votline. Njena uporaba je bila razširjena tudi v tradicionalni kitajski medicini. Metin čaj se že od nekdaj uporablja za zdravljenje krčev v trebuhu.

Obstaja mitološka zgodba o meti, ki gre nekako takole: Žena boga Plutona je bila ljubosumna in jezna na moževo skrivno ljubico nimfo, ki ji je bilo ime Mentha. Zato jo je začarala v majhno, nevpadljivo rastlino, ki jo lahko vsak hote ali nehote pohodi. Ker Pluton ni mogel preklicati ženinega uroka, ga je omilil tako, da je tej rastlinici namenil, da vsakič, ko jo bo kdo pohodil in se bodo njeni listki pomečkali, ona lepo zadiši. In res je tako - če jo poškodujemo, zadiši.

Metin čaj je še posebej priljubljen v Aziji, ponekod ga ponudijo namesto kave, pogosto pa ga kombinirajo z zelenim čajem. Zakaj? Meta naj bi namreč ohladila telo tudi od znotraj.

Zdravje

Meta blagodejno deluje na prebavila v primeru črevesnih krčev (spazmolitično delovanje), gastritisa, pri sindromu razdražljivega črevesa in stimulira izločanje žolča. Deluje kot blag anestetik, pomaga pri nespečnosti, obenem pa tudi izboljšuje koncentracijo in dviguje energijo.

Zaradi prijetnega osvežilnega vonja in okusa se veliko uporablja v zobnih pastah, ustnih vodicah, osvežilnih bombonih in v kozmetiki. Vonj mentola zmanjšuje občutek lakote in tako lahko pomaga pri hujšanju.

Mentol je molekula, ki daje značilen svež in hladilen občutek na koži ali v ustih. Nekatera delovanja mete so podprta z znanstvenimi raziskavami, zlasti antibakterijsko, antivirusno, insekticidno in antioksidativno delovanje, nekatera pa sicer niso znanstveno dokazana, a imajo dolgoletno tradicionalno uporabo v domačem zdravilstvu.

Metino olje je takoj za vanilijo in citrusi tretje najpogosteje uporabljena dišava v kozmetiki in hrani. Zelo je priljubljeno tudi v aromaterapiji.

Pitju večjih količin metinega čaja naj se izognejo tisti, ki imajo težave z refluksom želodčne kisline.

Kulinarika in drugo

Svežo meto drobno narežemo in jo posujemo po zeleni, paradižnikovi ali drugi solati, saj prijetno popestri in osveži okus zelenjave. Naredimo hladno metino omako kot prilogo mesu, za zajtrk lahko drobno nasekljano meto posujemo po grškem jogurtu, v katerega vmešamo še sveže ali zamrznjeno jagodičevje. Pripravimo lahko tudi sirni namaz z meto ali pa jo dodamo v zeleni smoothie, saj zelo osveži okus ostalih zelenih sestavin, kot so špinača, brokoli ali rukola, ki so običajna osnova zelenih smootijev. Ali pa naredimo pesto kjer baziliko nadomestimo s svežo meto.

Klasični grahovi juhi na koncu dodajmo sveže narezane metine lističe. Sadna solata z jagodami, melonami, feta sirom in meto je lahko ideja za takrat, ko želimo presenetiti goste z nečim drugačnim.

Svežo meto damo v limonado, v koktajle, dobro pa se kombinira tudi z limeto. Če poleg osvežilnega občutka, ki ga daje metin čaj, potrebujemo še poživitev, jo kombinirajmo z zelenim čajem. Metin ledeni čaj lahko pripravimo na enak način kot melisin ledeni čaj, za katerega najdete recept v tej knjigi.

Zelo enostavno pripravimo osvežilno vodo z okusom mete tako, da svežo meto narežemo, jo damo v vrč z vodo, ga pokrijemo in postavimo v hladilnik za več ur, najbolje čez noč. Precedimo in dobimo vodo z okusom za obdobje, ko smo se naveličali piti vodo brez okusa.

Meto lahko vključimo v sladice, še zlasti v čokoladne. Morda pa poizkusimo metino potico, kjer pehtran, ki je znana sestavina v nadevih za potico, nadomestimo z meto.

Metino eterično olje deluje tudi kot repelent, saj odganja komarje, pajke, mravlje in druge insekte.

Metin čaj

Metin čaj je med najbolj priljubljenimi zeliščnimi čaji, zato si zasluži, da tukaj med mojimi recepti nastopa samostojno.

V bistvu ne gre za čaj, saj ne uporabimo pravega čaja, ampak gre za metin poparek. Tradicionalno pa se med ljudmi za poimenovanje zeliščnih poparkov uporablja kar izraz čaj.

Meto lahko v čaju pijemo samostojno, ne potrebuje dodatkov drugih rastlin, saj je zelo aromatična.

2-3 čajne žličke poprove mete
2 dcl vode

Pripravimo ga tako kot druge zeliščne čaje. Uporabimo dve do tri čajne žličke posušenih listov poprove mete prelijemo z dvema decilitroma vrele vode in pustimo stati pokrito deset minut. Pokrijemo zato, da ne izgubimo eteričnega olja in drugih hlapnih komponent. Nato precedimo in po želji osladkamo, najbolje z nerafiniranim sladkorjem ali medom, in spijemo.

Pijemo ga takrat, ko si želimo z njim pomagati pri zdravstvenih težavah ali pa kar tako za žejo. Poskusite ga takrat, ko sem vam sicer zahoče piti kave in se ji želite izogniti, saj je učinek poživljajoč – podobno kot pri kavi.

Metin poparek pa lahko uporabljamo tudi za inhalacijo v primeru prehladnih obolenj, in sicer tako, da vroč čaj nalijemo v skledo, nato pa si preko glave poveznemo brisačo, da ne uide preveč dišečega metinega eteričnega olja mimo naših dihal. Nato se nagnemo nad skledo in globoko vdihavamo vodno paro, obogateno z metinimi izvlečki.

Hladna metina omaka

Hladna metina omaka se zelo prileže poleg pečene jagnjetine ali drugega mesa. Z njo lahko presenetimo na pikniku in jo namesto standardnih prilog, ki smo jih navajeni, postrežemo poleg mesa na žaru.

1 velik šopek sveže mete
1 mala žlička rjavega sladkorja
4 žlice jabolčnega kisa
1 žlica limoninega soka
4 žlice vroče vode
sol, poper

Liste mete operemo in odstranimo stebelca. Nato jih zelo drobno nasekljamo ter dodamo sol, poper, sladkor, kis in limonin sok ter premešamo. Dodamo vročo vodo in preverimo okus. Če nam tako ustreza, dodamo še malo kisa. Pustimo stati vsaj pol ure, še bolje dlje, da se ohladi in je tako okus še bolj izrazit.

Koktail mojito

Mojito je eden najbolj znanih koktajlov na svetu, ki izvira iz Kube. Različic za njegovo pripravo je sicer precej, vsem pa je osnova beli kubanski rum, rjavi sladkor, limetin sok in sveža meta.

Sestavine za 1 koktail v visokem kozarcu

10-15 velikih listov mete
1 žlica rjavega sladkorja
40 ml belega ruma
½ limete
gazirana mineralna voda
led

V visok kozarec damo na koščke narezano limeto, oprane lističe mete in sladkor. Vse skupaj pretlačimo z ročajem kuhalnice, da iztisnemo sok iz limete in da meta začne oddajati prijeten vonj. Nato dodamo rum, zdrobljeni led in prelijemo z gazirano mineralno vodo. Okrasimo z lističem mete in koščkom limete.

To je osnovna različica mojita. Lahko pa mu dodamo tudi sadje – na sliki je koktajl z dodanimi malinami. Te dodamo na začetku skupaj z limeto in jih tudi pretlačimo, vse ostalo pa je enako kot v osnovnem receptu. Kakšno lepo malino prihranimo za okras na koncu. Seveda pa lahko naredimo tudi različico brez ruma, t.i. *virgin mojito*, ki je primeren tudi za otroke.

Prvič sem mojito poizkusila pred leti na potovanju po Floridi v Miamiju, v družbi z možem in prijateljema Metko in Rajmondom. Želeli smo poizkusiti svetovno znano pijačo, ki izvira iz tega konca sveta. Ob čudovitem sončnem zahodu smo v idilični četrti Art Deco srkali originalno pripravljen mojito. V velikem kozarcu, napolnjenim z zdrobljenim ledom, je bil odličen bel kubanski rum v kombinaciji s sodo, koščki limete, meto, rjavim sladkorjem in narezanimi koreninicami sladkega korena. Bilo je čudovito! Znano je, da je bila to najbolj priljubljena pijača pisatelja Hemingwaya, ki je del svojega življenja preživel tudi na Key Westu na Floridi, in morda je najboljše ideje za knjigo Zbogom, orožje! dobil ravno ob mojitu.

Laški smilj
Helichrysum italicum

Moja zgodba

Laški smilj je nizek grmiček s sivkasto zelenimi lističi ter rumenimi socvetji, ki na dolgih steblih raste sredi ničesar. Pogosto raste kar iz špranje v skali na žgočem soncu. Vedno se čudim, kako lepo se razrašča in izteguje svoje rumene cvetove, kot da raste v čistem izobilju hranilnih snovi in vode. V resnici pa tako pusta, suha peščena tla dajejo večini rastlin le malo upanja za preživetje. Toda ne smilju. Tudi ko vse rastline okrog njega že zdavnaj obupajo, ovenijo in se posušijo ter čakajo boljše čase, se smilj bohoti v svoji najlepši podobi. Za laški smilj pravijo, da v sebi skladišči sonce, saj ime *helichrysum* izvira iz grških besed *helios*, ki pomeni sonce, in *chrysos*, ki pomeni zlato. Ali vidimo zlato sonce v rumenih smiljevih cvetovih?

Drugo ime za laški smilj je *immortelle* ali nesmrtnica in se nanaša na cvet smilja, ki ne umre še dolgo po tem, ko ga utrgamo. Svojo obliko in vonj dolgo ohranja in praktično nikoli ne uveni. Šopek smilja, ki sem ga nabrala konec lanskega junija, je počakal v vazi kot lep dišeč okras vse do letošnjega junija. Posamezni cvetovi se med sušenjem v vazi še nekoliko bolj razprejo in drobcena črna semena se usipajo naokrog. Kažejo na to, da cvetovi zorijo in se sušijo. Zdi se mi, kot da bi ujela in spravila poletno sonce, da bom lahko v njem uživala še celo leto.

Medtem ko tole pišem, imam na mizi svež šopek smilja, ki sem ga za inspiracijo nabrala včeraj. Postavila sem ga na mizo ob računalnik, za šopkom pa imam lep pogled na mirno, modro morje. Cvetovi so kot drobne rumene korale ali kot zlata zrnca, ki so povezana v majcene šopke na sivozeleno steblo. Občudujem lepoto te rastline, njeno vztrajnost za preživetje v težkih razmerah in predvsem njen prečudovit vonj.

Priznam, da mi prvič njegov vonj ni bil prav posebno všeč. Ko sem ga vsakič znova povonjala, pa mi je postajal vedno bolj všeč. Zanimivo se mi zdi, da mi je skoraj vsak, s katerim sem se pogovarjala o vonju smilja, povedal za podobno izkušnjo. Najprej te odbije, potem pa za vedno osvoji. Je namreč zelo prefinjen; spominja na mešanico medu, oreškov, citrusov, karamele, tobaka in svežega sena. Vse to ob enem samem vdihu zavonjam jaz, vsakdo pa lahko zazna še kaj drugega. Ker vonj njegovih listov spominja na znano mešanico začimb za *curry*, mu v tujini pravijo kar *curry plant* (angl.).

Smiljev vonj me spominja na poletje in počitnice, me pomirja in sprošča. Daje mi občutek varnosti, domačnosti in prizemljenosti. Medtem ko pišem, iz šopka na mizi njegov vonj veje proti meni in tako iz mene izvablja vse, kar vam na tem mestu želim povedati o njem.

Za smilj sem se začela bolj intenzivno zanimati pred leti po obisku znane kozmetične trgovine, ki v svojih izdelkih uporablja izvlečke mediteranskih rastlin. Kupila sem njihovo regenerativno kremo. Ob tem sem dobila tudi brošuro s predstavitvijo rastlin, ki jih uporabljajo v njihovi kozmetiki. Smilj je bil ena glavnih sestavin. Ugotovila sem, da sem se v času počitnic že velikokrat sprehajala mimo te skromne, nevpadljive rastline. Bila sem presenečena, kako bogata je vrednost njegovih učinkovin v kremah za kožo in kako se postavlja ob bok elitnim rastlinam. Takrat je laški smilj postal moj novi prijatelj.

Ko se poleti usidramo s čolnom v glavnem zalivu otoka Grgurja, nas takoj objame značilen močan vonj po smilju. Smilj prerašča veliko površino otoka, močno sonce pa v zrak privabi prijetne hlapne snovi iz eteričnega olja rastlin. Srkam vase vonjave smilja in ob poslušanju škržatov uživam ob pogledu na čisto turkizno modro. To je prav posebna dimenzija sproščanja.

Ti občutki so pravo nasprotje tega, kar želim odmisliti, žalostno zgodovino tega kraja iz polpretekle zgodovine. Cel otok Grgur je bil nekoč ženski zapor. Razmišljam, ali so vse te lepote otoka vsaj malo olajšale muke takratnim političnim zapornicam? Je bil takrat pogled enako čudovit in vonj enako dišeč, ali je bila bolečina prevelika, da bi vse to opazile? Morda pa so vendarle v tem našle tolažbo duše in jim je čudoviti pogled na lepoto narave pomagal preživeti tamkajšnje grozote.

Moje druženje s smiljem se je nadaljevalo z obiskom delavnice za izdelavo naravne kozmetike. Na tej delavnici smo destilirali smilj, ki ga je ena od udeleženk prejšnji dan nabrala na otoku Hvaru. Nad tem sem se tako navdušila, da sem se odločila kupiti svoj lastni destilator, iz katerega sedaj sama izdelujem rastlinske izvlečke. Eteričnega olja je v smilju zelo malo, saj za liter eteričnega olja potrebujemo kar celo tono sveže nabranega smilja. Tudi zato je njegovo eterično olje eno izmed najdražjih. Na trgu lahko dobimo stoodstotno eterično olje, pogosteje pa ga prodajajo razredčenega v obliki petodstotne raztopine, ki je pomešana z nevtralnim jojobinim ali drugim oljem. Tako razredčenega lahko nanašamo direktno na kožo. Po drugi strani pa stoodstotnih eteričnih olj ne smemo direktno nanesti na kožo, saj so preveč koncentrirana. Prej jih moramo razredčiti v olju. Bodimo pozorni pri nakupovanju eteričnih olj, tudi cene so si namreč zelo različne.

Na delavnici izdelave naravne kozmetike sem obudila svoje znanje formuliranja poltrdnih izdelkov iz študentskih časov na farmaciji. Sedaj imam nov hobi. Iz smilja izdelujem svojo kozmetiko; naredim serume, mazila in kreme zase, za svojo družino in prijatelje. Imam tudi svoj steklen petlitrski destilator in prva rastlina, ki sem jo destilirala, je bil ravno smilj, ki smo ga nabrali na otoku Krku. Prepričala sem se, da je izkoristek eteričnega olja res zelo majhen. Uspelo mi je pridobiti prva dva mililitra svojega eteričnega olja in prvi hidrolat, ki sem ju takoj nato vgradila v kremo za obraz. Vonj tega eteričnega olja se mi je zdel še posebej božanski, morda zato, ker je bil popolnoma svež. Zagotovo pa tudi zato, ker je bil čisto moj in prvi.

Pri nabiranju smilja odrežemo predvsem cvetove, najbolje tiste, ki se še niso polno razcveteli. Ti vsebujejo največ eteričnega olja, prav tako pa tudi zgornji del stebla z listi. Pri nabiranju moramo paziti, da ne bi poškodovali korenin. Najbolje, da uporabimo škarje ali nož, saj se lahko, če nerodno odlomimo steblo, del grmička izpuli. V zadnjem času je nabiranje samoniklega smilja zaradi visoke cene eteričnega olja in velikega povpraševanja zelo porastlo. Ponekod so zato, da bi ga zavarovali, njegovo nabiranje omejili. Vsi smo odgovorni za primeren odnos do rastlin in s tem za ohranjanje vrst za generacije, ki pridejo za nami. Nabirajmo spoštljivo in samo toliko, kot res potrebujemo.

V zadnjem času je postal laški smilj še posebej priljubljen zaradi številnih znanstvenih študij, ki dokazujejo obnovitvene in pomlajevalne učinke na kožo. Dokazuje se tudi upravičenost njegove stoletne tradicionalne uporabe v namene zdravljenja. Prav zato se je v zadnjih letih število kozmetičnih izdelkov, ki vsebujejo njegove izvlečke, precej namnožilo. Tako je smilj po dolgih stoletjih svoje tihe in skromne uporabe, od takrat, ko so si ga Rimski vojaki povezovali na rane za hitrejše celjenje, prišel na prve strani prestižnih kozmetičnih revij. Kot gobe po dežju so se začele pojavljati nove plantaže smilja.

Imela sem priložnost obiskati mlado plantažo smilja v Omišlju na otoku Krku. V rastlinjaku so iz semen vzgojili rastlinice, nato pa so jih presadili na zemljišče, ki so ga predhodno očistili grmovja in kamenja. Sprehodili smo se mimo dolgih vrst nasajenega smilja, ki tam raste brez vsakih kemijskih dodatkov. Raste povsem ekološko in naravno, iz tega, kar mu dajeta zemlja in nebo. Hodili smo po nasadu med dolgimi živo rumenimi vrstami, ki so sestavljale veliko rumeno pregrinjalo čez pobočje. Ta se je na obzorju stikala z modrim nebom in pogledom na morje. Pripekajoče sonce je iz rastlin izvabljalo dragocen vonj. Na plantaži se je paslo nekaj ovac, ki so mulile plevel med vrstami nasada, samemu smilju pa so se izogibale, saj jim zaradi svoje grenkobe ni bil okusen.

Smilj se žanje približno dvajset centimetrov od tal dvakrat letno; v juniju in potem še enkrat pozno v jeseni. Nato se ga destilira tako, da se preko rastlin vodi vodno paro, ki veže nase hlapne molekule učinkovin iz rastlin. Za najbolj kvalitetno eterično olje je rastline potrebno destilirati v roku štiriindvajset ur po žetvi. Ko se vodna para z učinkovinami v sebi ohladi in kondenzira v hladilnem delu destilatorju, se oljetopne učinkovine zberejo na vrhu v eteričnem olju, vodotopne pa v hidrolatu spodaj, ki je stranski, a prav tako uporaben produkt parne destilacije.

O rastlini

Laški smilj *(Helichrysum italicum)* raste predvsem v sončnem mediteranskem podnebju, v suhih in kamnitih tleh. Je delno olesenela trajnica, ki zraste do pol metra visoko. Spada v družino nebinovk *(Asteraceae)*. Steblo je pri tleh precej razvejano in olesenelo, listi so zelo majhni in ozki. Imajo značilno sivozeleno barvo in so pokriti z drobnimi dlačicami.

Iz spodnjega dela grma zrastejo dolga stebla, na katerih se razpre pet do osem centimetrov veliko socvetje. Sestavljeno je iz manjših, dva do štiri milimetrov velikih posameznih rumenih cvetnih glavic. Cveti od junija do avgusta. Razmnožuje se s semeni, ki poskrbijo za ohranitev rastline v naravnem okolju. Lahko pa jo razmnožujemo tudi s podtaknjenci.

Smilj je značilna mediteranska rastlina. Uspeva tudi v centralni Aziji in na Kitajskem. Zaradi dragocenega eteričnega olja se danes se veliko goji tudi na plantažah.

Sestava učinkovin laškega smilja se precej razlikuje glede na rastišče in čas nabiranja. Glavne sestavine, ki so zaslužne za delovanje smilja, so: neril acetat, geranil acetat, α-pinen, curcumen, italidion, limonen, 1,8-cineol, linalol, nerol in geraniol.

Drugi slovenski imeni za laški smilj *(Helichrysum italicum)* sta še nesmrtnica in suhocvetnica. Tuja imena pa so *immortelle* (angl.), *everlasting* (angl.) in *Currykraut* (nem.).

Zgodovina

Stari Grki in Rimljani so smilj uporabljali predvsem za pospeševanje celjenja ran, proti opeklinam zaradi sonca in ognja, pa tudi proti bolečinam v sklepih. Za ta namen so najpogosteje uporabljali smilj, namočen v olivno olje ali v med. Smilj so uporabljali v obredih, kjer so rastline sežigali, saj naj bi njihov vonj ugodno deloval na razpoloženje. Z venci, spletenimi iz cvetov smilja, so krasili enobarvne marmorne kipe svojih bogov, ki so na njih izgledali kot zlate krone.

Tradicionalna uporaba smilja je bila najbolj razširjena v mediteranskem območju, zlasti za zdravljenje ran, ki se težko celijo in za jetrna obolenja.

Zdravje

Laški smilj se danes uporablja v medicinske in kozmetične namene. Sestavine njegovega eteričnega olja imajo znanstveno dokazane protibakterijske, protiglјivične in protivirusne učinke; dokazano je tudi protivnetno in antialergijsko delovanje.

Zelo učinkovita je uporaba pri obnavljanju tkiv, pospeševanju celjenja ran in pri zmanjševanju brazgotin.

Smilj zmanjšuje vnetja kože pri sončnih in drugih opeklinah, dermatitisu, izpuščajih, luskavici in srbeči koži. Zmanjšuje hematome, vnetja po pikih žuželk, pa tudi akne, vnetja v ustni votlini, hemeroide in strije.

Zaradi grenčin se uporablja notranje za vzpodbujanje delovanja jeter. Zmanjšuje dispepsijo in deluje kot diuretik. Čaj je po okusu precej grenak, pripravimo ga bolj razredčenega.

Blaži tudi emocionalne motnje, kot so anksioznost, strah, žalost, nespečnost in druge.

Še posebej je priljubljen v kozmetični industriji, v sredstvih proti staranju kože, saj ima dobre regenerativne sposobnosti obnavljanja kože. Prosti radikali, ki nastajajo v koži pod vplivom UV žarkov in drugih škodljivih vplivov okolja, povzročajo poškodbe dveh ključnih proteinov kože. To sta kolagen in elastin, ki koži zagotavljata elastičnost in čvrstost. Kolagenaza in elastaza pa sta encima, ki razgrajujeta kolagen in elastin, kar posledično vodi v manjšo elastičnost in čvrstost kože in nastanek kožnih gubic. Aktivnost teh dveh encimov se z leti sicer naravno povečuje, škodljivi učinki okolja pa zelo pospešijo njuno delovanje in povzročajo prezgodnje staranje kože. Sestavini v eteričnem olju smilja, α-pinen in limonen dokazano delujeta proti encimoma, ki razgrajujeta kolagen in elastan. Poleg tega prosti radikali, ki nastanejo kot posledica delovanja škodljivih UV žarkov, povzročajo tudi pretirano in neenakomerno pigmentacijo kože in neželen pojav pigmentnih madežev. Fenolne spojine v eteričnem olju smilja so močni antioksidanti, ki pomagajo naši koži v borbi proti prostim radikalom, ki so glavni krivec staranja kože in nastanku hiperpigmentacije.

Za nego kože obraza pripravimo serum, mazilo ali kremo, v katero lahko vgradimo hidrolat, eterično olje in macerat.

Eterično olje laškega smilja je posebej dragoceno tudi v proizvodnji parfumov. Zaradi njegove kompleksne molekulske strukture ga je težko kemijsko sintetizirati in tako umetno ponarediti njegov vonj. Je eno najdražjih eteričnih olj.

Za zunanjo uporabo na večji površini kože eterično olje razredčimo s katerim od nevtralnih olj (pol odstotka eteričnega olja smilja v oljčnem, mandljevem ali drugem nevtralnem nosilnem olju) ali uporabimo njegov oljni izvleček (macerat). Lahko uporabimo tudi njegov hidrolat ali pa pripravimo prevretek, ki ga nanašamo na prizadeti predel.

Smiljev macerat pripravimo po enaki recepturi, kot je opisana za ognjičevega.

Za zmanjševanje vnetja v ustni votlini lahko grgramo smiljev hidrolat, še boljši učinek pa dosežemo, če ga mešamo s hidrolatom žajblja.

Še posebej hladilno in vlažilno deluje, če se po prihodu s plaže po koži popršimo z ohlajenim hidrolatom smilja. Ko smo na morju, imejmo v hladilniku ves čas pršilko, lahko ga mešamo s hidrolatom sivke. Obe rastlini blažita škodljive posledice sonca na koži.

Kulinarika in drugo

Smilj se uporablja tudi v kuhinji; užitni so vsi deli rastline. Zaradi specifičnega vonja, ki spominja na indijski kari, ima celo ime *curry plant*, čeprav s pravim karijem nima ničesar skupnega. Okus je precej grenak. Smiljeve liste ali cvetove lahko uporabimo za mariniranje mesa ali jih dodamo kot začimbo v rižote, juhe in omake. Pred serviranjem jih odstranimo.

Še nerazcvetele popke smilja porežemo s stebelc, jih posušimo in z njimi napolnimo majhne, prosojne vrečke ali jih uporabimo za potpuri. Ti suhi smiljevi popki izgledajo kot zlata zrnca. Jaz imam tako vrečko v službi, na pisalni mizi. Ko pridem v stresno situacijo, jo pomanem med prsti in povonjam. Vonj smilja me pomirja.

Naravna smiljeva obnovitvena krema

To je moj osnovni recept za izdelavo obnovitvene smiljeve kreme. Uporablja se za obraz, lahko pa tudi za roke in za telo.

Pogosto ji dodam še kakšno drugo oljno ali vodno sestavino, da še povečam njen učinek. Skoraj vedno naredim nekoliko drugačno kremo, stalno preizkušam različne kombinacije in vodim svoj laboratorijski dnevnik. Raziskujem nove sestavine, ki se pojavljajo na trgu, in preučujem njihove učinke, njihovo medsebojno kompatibilnost ter vpliv na fizikalno stabilnost in druge lastnosti kreme.

Obnovitvena smiljeva krema za obraz proti gubicam vsebuje naravne sestavine. Tudi dodana konzervans in emulgator ustrezata strogim standardom, ki veljajo za dovoljene sestavine v naravni kozmetiki.

Vse sestavine, embalažo in pripomočke lahko kupimo v specializiranih trgovinah za izdelavo naravne kozmetike. Za izdelavo kreme nujno potrebujemo dovolj natančno tehtnico, termometer in dve ognjevarni posodi. Vse pripomočke, delovno površino in roke na začetku prebrišemo s 70-odstotnim etanolom in med delom ves čas pazimo na čistočo.

Krema je lepo mazljiva, bogata, hranljiva, diši po smilju in še po čem, če dodamo še katero drugo eterično olje. Kreme se razveselijo tudi moje prijateljice, ki jo od mene dobijo kot darilo. Narejena je z lepo mislijo nanje in kar še posebej šteje – iz doma narejenega macerata, hidrolata in eteričnega olja iz smilja, ki sem ga sama nabrala.

Za 200g kreme

maščobna faza
36,0 g macerata smilja (v oljčnem olju)
8,0 g karitejevega masla
15 g emulgatorja (Montanov TM 68)

vodna faza
72,0 g hidrolata smilja
61,4 g destilirane vode
4,0 g glicerina
0,8 g ksantanskega gumija

hladna faza
0,6 g vitamina E
1,2 g Cosgarda (konservans)
1,0 g eteričnega olja smilja

Sestavine maščobne faze segrejemo in stalimo na parni kopeli. Za to uporabimo lonec primerne velikosti, v katerem vre voda, vanjo pa namestimo ognjevarno stekleno posodo z natehtanimi sestavinami.

V manjši posodici zmešamo ksantanski gumi z glicerinom.

V drugo ognjevarno stekleno posodo natehtamo hidrolat smilja in vode, nato dodamo še mešanico ksantanskega gumija in glicerina. Damo na drugo vodno kopel.

Vodno in maščobno fazo segrejemo do enake temperature, to je 75 °C. Ta temperatura je zelo pomembna zaradi učinkovitosti delovanja emulgatorja in s tem stabilnosti emulzije, ki omogoča, da nam krema čez čas ne bo razpadla v ločeno vodno in oljno fazo.

Iz vodne kopeli nato umaknemo obe posodi in med stalnim mešanjem s paličnim mešalnikom vodno fazo takoj začnemo dodajati v oljno fazo. To je postopek emulgiranja, pri tem nastane bela emulzija. Drobne oljne kapljice se vgradijo v vodno fazo in nastane krema. Mešamo še približno pet minut. Nato posodo s kremo postavimo v skledo s hladno vodo in še naprej počasi ročno mešamo, da se krema ohladi.

Ko temperatura kreme doseže 35 °C, dodamo še sestavine hladne faze in enakomerno ročno premešamo. Eterično olje smilja lahko kombiniramo še s katerim drugim eteričnim oljem, na primer z bergamotko, sivko ali geranijo. Skupna količina ne sme presegati predpisane količine v sestavnici, saj prevelika koncentracija eteričnih olj lahko draži kožo.

Kremo polnimo v lončke ali v brezzračne posodice s pumpico za kreme in označimo (ime kreme in datum izdelave). Uporabljamo jo zjutraj in zvečer kot negovalno kremo proti gubicam.

Smiljev serum s hialuronsko kislino za obraz

Serum je zelo vlažilen zaradi hialuronske hisline in glicerina, lepo mazljiv in diši po smilju. Hialuronska kislina je snov, ki ima veliko sposobnost vezave vode in zato kožo izredno vlaži, jo ohranja čvrsto in napeto. Hidrolat smilja pa ima ugodne regenerativne učinke in zmanjšuje gubice.

Za 100g seruma

60 g hidrolata smilja
36 g destilirane vode
0,2 g hialuronske kisline (dolgoverižne)
2,0 g glicerina
0,5 g ksantanskega gumija
1,3 g Geogard ultra (konservans)

V čašo natehtamo destilirano vodo in vanjo umešamo hialuronsko kislino. Za vsaj eno uro postavimo na stran in vmes večkrat premešamo, da hialuronska kislina enakomerno nabrekne. (A)

V posodo natehtamo hidrolat in v njem raztopimo Geogard ultra. To je konzervans, ki je dovoljen v naravni kozmetiki. (B)

Nato v drugi manjši posodici skupaj zmešamo ksantanski gumi in glicerin. (C)

V prej pripravljeno raztopino vode in hialuronske kisline (A) po eni uri nabrekanja dodamo hidrolat s konzervansom (B) ter premešamo.

Nato dodamo še ksantanski gumi z glicerinom (C) in premešamo. Če so še vedno prisotne grudice hialuronske kisline, lahko zelo na hitro premešamo s paličnim mešalnikom.

Serum napolnimo v temne stekleničke (10 ml) s kapalko in označimo z etiketo.

Uporabljamo ga kot večerno nego tako, da eno do dve kapljici seruma namažemo po obrazu in počakamo, da se vpije. Nato nanesemo še negovalno kremo.

Serum pa lahko uporabimo tudi tako, da najprej v dlan damo kremo, nato pa vanjo kapnemo serum, s prstom premešamo kremo in serum, potem pa nanesemo na kožo na obrazu.

Sivka
Lavandula angustifolia

Moja zgodba

Pravkar sem se vrnila iz festivala sivke na Krasu. Odločila sem se, da grem tja sama. Želela sem se prepustiti presenečenjem, ki me čakajo tam in preživeti dan s seboj in z njo - s sivko. Kaj mi ima povedati in kaj imam jaz povedati sebi? Kaj ali koga mi bo namenjeno spoznati? Kaj se bom naučila? Šla sem po navdih.

Podala sem se na sprehod med dolge vrste sivkinega nasada, da bi se naužila njenega vonja in lepote. Toliko sivke na enem mestu v živo še nikoli nisem videla. Tu in tam kakšno v vrtu ali parku že, a ne celega nasada z na stotine rastlinami. Take nasade poznamo iz Francije ali Italije in čeprav že dalj časa načrtujem, da bi jih obiskala, jih še nisem. Sedaj je tak nasad tudi v Sloveniji. Lastniki že nekaj let zapored priredijo festival za sivkine navdušence. Jaz sem bila tukaj prvič.

Odšla sem v nasad in si ga ogledala. Nabrala sem šopek sivke, ki so mi ga kasneje lepo obrezali in trdno povezali z vrvico, da sem ga lahko odnesla domov. Ko sem se ozirala naokrog, je bilo videti, da so tudi ostali obiskovalci tako uživali, kot sem uživala sama. Spokojno so se sprehajali med sivkami, izbirali stebelca in jih združevali v šopke. Uživali so v soncu, vonju in lepotah narave.

Drobni vijolični cvetki, ki so nanizani drug poleg drugega na dolgih tankih steblih, so kot vijolično klasje, ki se izteguje proti soncu. Vse naokrog je polno čebel in pisanih metuljev, ki nabirajo nektar in se med mojim približevanjem ne dajo veliko motiti. Sivka, žuželke in človek, očitno tukaj vse živi v ubranem sožitju. Odtrgala sem steblo, posmukala cvetove z njega in sprejemala vase ta vonj, ki takoj vzbudi del možganov, kjer so shranjena lepa čustva. Takrat se mi je zazdelo, da vem, kakšen je občutek, ko pravijo, da je lepo kot v raju. Vase sem vsrkala vijolično barvo. Počakala sem, kakšno spoznanje mi bo dano, ko bom polno prisotna v druženju s sivko. Dišečemu eteričnemu olju sem dovolila, da me je popeljalo v občutek brezmejne hvaležnosti za to, da živim v tem prelepem delu sveta, da imam družino in prijatelje, da sem spet zdrava, da sem trenutno lahko tu, kjer sem, v sozvočju z naravo. Utišala sem svoj um in samo uživala v trenutku ter želela, da bi v meni ostal čim dlje. Obšel me je jasen občutek, da je prav, da sem se začela na svoj način družiti z rastlinami in da jih želim približati tudi drugim, na način, kot sem si ga izbrala. To je moje novo poslanstvo.

Po tej prijetni meditaciji s sivko in vijolično barvo sem se odpravila nazaj v vas. Skoraj pri vsaki hiši se je nekaj dogajalo. Cela vas se je združila in pripravila dobrodošlico obiskovalcem, bil je zares pravi festival sivke. Toliko prijetnih ljudi na enem mestu in toliko prijetne energije že dolgo nisem srečala in začutila. Verjamem, da k sebi privabljaš tisto, kar misliš in čutiš v sebi. To je zakon privlačnosti. Pogovarjala sem se z ljudmi, ki so prišli na ta kraj z enakimi nameni kot jaz, enostavno predajati se prijetnim občutkom, ki jih ponuja ta čudovita rastlina v svojem okolju. Nikogar nisem poznala od prej, pa vendar se mi je zdelo, da sem med samimi starimi prijatelji.

Po naključju sem zašla v odprto klet neke stare kamnite hiše sredi vasi, kjer se je na lesenih klopeh že zbrala manjša skupina ljudi. Zanimalo me je, katera tema o sivki se odvija tam. Ravnokar se je začela delavnica o hidrolatih oziroma rožnih vodah. Povabili so me notri. Sedaj res verjamem, da se čisto nič ne zgodi po naključju. Hidrolati so stranski produkt parne destilacije rastlin, pri čemer kot glavni produkt nastane eterično olje rastline. Že nekaj časa sem razmišljala, kje bi dobila še kakšno idejo o njihovi uporabi, saj sem jih pred kratkim začela izdelovati tudi sama. Nisem pričakovala, da se mi bo to zgodilo že tako kmalu.

In tako sem se znašla tam, v stari kraški hiši s kamnitimi neometanimi stenami v družbi prijetnih ljudi. Predavateljica je predstavila hidrolate in mnoge možne načine njihove uporabe glede na rastlino, iz katere so pridobljeni. Hidrolat sivke,

nerazredčen in brez vseh drugih dodatkov, se lahko uporabi kot losjon za nego kože proti gubicam, za odstranjevanje ličil, za pomiritev vnete kože po britju, po sončenju, ali po pikih žuželk, pa tudi za grgranje pri vnetjih v ustni votlini. Lahko se uporablja tudi notranje; vmešamo ga lahko v razne kulinarične recepte. Predavateljica nam je zaupala, da lahko hidrolat pred serviranjem celo popršimo po rižoti ali limonadi, kar pričara poseben učinek. V pogovor smo se vključili tudi obiskovalci, spraševali smo in pripovedovali o svojih izkušnjah. Na koncu smo iz različnih hidrolatov naredili losjon za obraz. Jaz sem izbrala kombinacijo sivke in smilja, ki imata znane koristne učinke na kožo.

Svoje raziskovanje sem nadaljevala še po drugih postajah, kjer so se odvijala zanimiva dogajanja. Na dvorišču ene od hiš so demonstrirali destilacijo sivke v velikem kotlu, močan vonj eteričnega olja se je širil okrog hiše. Ustavila sem se na veliki gredici, kjer je raslo mnogo različnih podvrst sivke, vsaka je bila označena z lično tablico s slovenskim in latinskim imenom. Cvetovi so bili različnih velikosti in v različnih barvnih odtenkih.

Poizkusila sem sivkin liker, ki mi ga je ponudil eden od domačinov in povedal, da je to recept njegove mame. Zaupal mi je, da vsebuje teran, sladkor, vaniljo in posušene cvetove prave sivke. Seveda pa je skrivnost v razmerju količin sestavin in tudi v drugih dodatkih. Mogoče bom na podlagi tega recepta naredila svojo različico likerja, saj je bil res odličen. Potem sem zunaj na stojnicah kupila še sivkin med, ročno izdelano sivkino milo in venček iz suhe sivke za na steno, okrašen z lepo vijolično pentljo v vzorcu drobnega kara. Kot sladico po kosilu pa sem poizkusila še sivkin sladoled. V tej vasi sem preživela zares nepozaben dan.

Mojega druženja s sivko pa s tem ni še bilo konec. S svojim petlitrskim steklenim destilatorjem za pridobivanje eteričnega olja iz rastlin sem doživela še marsikaj. Velikokrat ga odnesemo na dopust na Krk, saj tam lahko destiliramo rastline še isti dan, ko jih naberemo. Moram priznati, da se pri destilaciji precej zanašam na svojega moža Vilija, ki mi destilator vsakič potrpežljivo sestavi. Pri tem je namreč potrebnih kar nekaj tehničnih spretnosti. Čez čas sem začela sumiti, da tega ne počne le iz prijaznosti do mene, ampak, da ga postopek dejansko zanima in v njem uživa vsaj tako kot jaz.

Ko smo novi destilator prvič prinesli na morje, smo najprej poizkusili destilirati smilj, ki smo ga nabrali na otoku. Iz ene destilacije smo pridobili le pičla dva mililitra eteričnega olja, a je bilo zato toliko bolj dragoceno. Vedela sem, da ga iz sivke lahko pridobimo bistveno več. Kako bi prišli do nje, da bi naredili preizkus? V tistem času namreč še nisem imela svoje sivke.

Naš sosed na morju je imel na dvorišču pred svojim apartmajem dve sivki, ki sta bili stari že več kot deset let. Vsako leto smo sosedje občudovali njeno bogato cvetenje in vonj, ki je segal navzgor do naših stanovanj. Ena od sivk je postala že precej bolj olesenela od druge, tudi lepo obliko je nekako izgubljala in vedeli smo, da jo sosed namerava kmalu zamenjati z novo mlado sadiko. »Dejan, kaj pa, če bi ti svoj sivkin nasad letos pomladil, kot to že daljši čas načrtuješ? Morda bi potem staro sivko lahko daroval v znanstvene namene?«, smo se šalili. On pa se ni šalil, takoj se je navdušil. Še isti dan je staro sivko porezal, popoldan pa je na njenem mestu že posadil dve novi mali sadiki. Mi pa smo seveda takoj sestavili destilator. Sivke je bilo ravno dovolj za petlitrsko bučo. Zagnali smo parno destilacijo, kuhinjski pult pa se je pretvoril v kemijski laboratorij. Kmalu je po celi soseščini zadišalo po sivki. Sosedje so izmenoma prihajali k nam in radovedno opazovali postopek destilacije. Čudili so se prvim kapljicam dragocenega eteričnega olja, ki so prikapljale iz vodnega hladilnika destilatorja. Razložila sem jim osnovni mehanizem delovanja parne destilacije. Večina je postopek destilacije videla prvič, bilo jim je zanimivo. Eteričnega olja je bilo na koncu skoraj deset mililitrov, torej res bistveno več kot smiljevega in dobili smo še približno dober liter hidrolata. Zvečer smo se zbrali ob pijači in sivkinem kolaču, ki sem ga skupaj s sosedama Evo in Lauro pripravila iz svežega hidrolata in prihranjenih svežih cvetov sivke. Recept je opisan v nadaljevanju tega poglavja.

Danes imam že precej svoje sivke, a jo še naprej sadim, kjer le najdem še kakšen primeren kotiček v vrtu. Želim je imeti dovolj, da jo bom lahko destilirala za lastne potrebe.

O rastlini

Prava sivka je zimzelena trajnica is družine ustnatic *(Lamiaceae)*, v obliki delno olesenelega grma. V višino zraste od štirideset do šestdeset centimetrov, cveti od konca maja do avgusta. Listi so sivozelene barve, so majhni in podolgovati. Na površini imajo drobne dlačice. V zgornjem delu nekoliko oglatih stebel so v obliki klasja nanizani drobni, modro-vijolični cvetovi.

Uspeva v topli sredozemski klimi, v suhih peščenih tleh na sončnih legah. Uspešno jo gojijo tudi v celinskem delu, saj prenese tako visoke kot tudi nizke temperature. Samonikla je danes redka, v Evropi jo večinoma gojijo, navadno kot okrasno rastlino po vrtovih ali v velikih nasadih kot je ta na Krasu. Danes jo najdemo praktično po celem svetu. Zelo znani so sivkini nasadi v Provansi in Toskani.

Njeno eterično olje je zelo cenjeno in široko uporabno. Vonj sivke sodi med najbolj priljubljene cvetne vonje, je prijeten, svež in sladkast. Nekoliko spominja na rožmarin in citruse.

Razmnožuje se s semeni ali s potaknjenci. Če želimo, da rastlina bogato cveti, moramo poskrbeti za pravilno obrezovanje. Poleti po cvetenju obrežemo stebla cvetov, spomladi konec marca pa opravimo glavno obrezovanje, ko obrežemo zgornjo tretjino grma. Tako rastlina spet bujno požene liste in obilno cveti. Sivka se križa spontano, zato danes obstaja mnogo podvrst, med katerimi se človek komaj znajde. Na tem mestu je dovolj, da povemo, da obstajajo naslednje glavne vrste sivke:

Ozkolistna sivka *(Lavandula angustifolija, Lavandula vera, Lavandula officinalis)*, ali prava sivka (angl. *true lavender*) je najstarejša in najbolj razširjena podvrsta. *Angustifolija* pomeni ozkolistna. Ima eno steblo, na katerem so cvetovi.

Širokolistna sivka *(Lavandula latifolija, Lavandula spica)*) ali muškatna lavanda se v angleščini imenuje *spike lavender. Latifolija* pomeni širokolistna.

Hibridna sivka *(Lavandula hybrida, Lavandula x intermedia)* ali *lavandin* oziroma *hybrid lavender* (angl.) je križanec med ozkolistno in širokolistno sivko. Poleg glavnega stebla ima še manjša stranska stebelca s cvetovi. Tukaj izpostavimo budrovko, to je križanec, ki so ga vzgojili na otoku Hvaru na Hrvaškem. Obstaja pa še mnogo drugih hibridnih podvrst.

V zdravilne in kulinarične namene se uporablja cvet sivke, lahko pa tudi listi. Največ eteričnega olja imajo sivkini cvetovi, tik pred cvetenjem.

V eteričnem olju so linalol, linalilacetat, cineola, geraniol in kafra. V rastlini so tudi rožmarinska kislina, kumarin, flavonoidi in fitosteroli, pri tem je delež komponent odvisen od vrste sivke ter od rastišča.

Hibridna sivka ima bistveno več eteričnega olja kot prava sivka, zato je v industrijski pridelavi bolj razširjena. Sestavi eteričnih olj se nekoliko razlikujeta. Eterično olje prave sivke je bolj dragoceno, ima večji delež linalola in linalilacetata, vonj je bolj nežen prijetnejši vonj, uporablja se za pomirjanje in sproščanje. Hibridna sivka ima večji delež kafre in cineola, vonj je ostrejši, deluje stimulativno, veliko se uporablja v kozmetiki. Zato je pri nakupu eteričnega olja sivke priporočljiva pozornost, da zares kupimo pravo eterično olje, ki ga želimo za določen namen. Eterično olje prave sivke je praviloma dražje kot eterično olje hibridne sivke.

Omenim naj le še špansko sivko *(Lavandula Stoechas), Lavender Butterfly* (angl.), ki ima velike metuljaste zgornje cvetne liste in se precej razlikujejo od drugih vrst. Če pa pogledamo cvet od daleč, po obliki nekoliko spominja na ananas. Ta ima v eteričnem olju velik delež kafre in se v glavnem uporablja le v okrasne namene.

Zgodovina

Sivko so uporabljali že v antičnih časih. Znano je, da so jo stari Egipčani uporabljali za parfume, ki jih je zelo oboževala Kleopatra, pa tudi za mumificiranje umrlih. Rimljani so jo že pred 2000 leti dodajali v kopeli in z njo izpirali rane, da so se hitreje celile. Od tod tudi izvor imena lavanda (lat. *lavare* pomeni kopati, prati), kar kaže na njeno razširjeno uporabo za čiščenje in dezinficiranje. Poleg tega so z njo osveževali prostore in odganjali mrčes. Kot zdravilo proti astmi so jo uporabljali tako, da so jo zavijali v cigarete in vdihovali njen dim.

V srednjem veku so jo uporabljali proti glavobolu in nespečnosti, tako da so jo polagali pod blazine in obešali nad vrata, da bi odgnali zle duhove. Intenzivneje so jo začeli gojiti v 16. stoletju. Sivka naj bi bila tudi med priljubljenimi cveticami Angleške kraljice Elizabete I, ki jo je pila v čaju za lajšanje glavobola. Uporabljala jo je tudi za odišavljanje telesa.

Zdravje

Učinke sivke na telo so proučevali v mnogih znanstvenih študijah. V večini so preučevali učinke eteričnega olja, ki se pridobiva iz svežih cvetov s parno destilacijo. Uporabljamo lahko tudi sivkin hidrolat ali čaj.

Sivka ima dokazano pomirjevalno in antidepresivno delovanje na živčni sistem, pomaga tudi pri nespečnosti.

Ima protimikrobno, protivnetno in antioksidacijsko delovanje, zato se uspešno uporablja za pospeševanje celjenja ran, regeneracijo kože po opeklinah, za zmanjševanje aken in drugih kožnih infekcij ter ob pikih insektov. Izboljšuje prebavo in blaži krče v prebavilih, prav tako pa pomaga pri bronhitisu in astmi.

Danes je sivkino eterično olje eno od najbolj široko uporabljenih v kozmetični industriji; uporablja se v parfumih, šamponih, milih, losjonih, kremah in serumih. Zmanjšuje gube in starostno pigmentacijo kože ter druge znake staranja kože. Krepi lase in zmanjšuje izpadanje las

Še posebej v primeru občutljive kože, kože z rdečico ali izpuščaji ali pa ob vročem poletnem dnevu, ko želimo le osvežitev, lahko razpršimo po obrazu nežen, ohlajen sivkin hidrolat. To bo kožo pomirilo in zagotovilo popoln občutek svežine. Lahko se popršimo tudi po laseh, še posebej, če sivkin hidrolat kombiniramo še z rožmarinovim, to lase krepi in zmanjšuje njihovo izpadanje.

Sivka deluje tudi protibolečinsko. Za blaženje glavobola masiramo razredčeno eterično olje sivke na senca in tilnik. Masaža s sivkinim razredčenim oljem se prileže tudi ob mišičnih bolečinah in revmi.

Eterično olje sivke je zelo razširjeno v aromaterapiji, je tudi prijeten spremljevalec ob meditaciji. Ko ste v stresni situaciji, povonjajte sivko in naenkrat vam bo lažje, razpoloženje in učinkovitost se bosta izboljšala.

Deluje kot repelent, saj odganja komarje in klope in molje. Sivkine blazinice za odganjanje moljev so se tradicionalno uporabljale že v omarah naših babic, enako učinkovite so še danes.

Kaj pa odišavljenje prostorov? Eterično olje damo v izparilnik ali pa po prostoru ali posteljnini razpršimo hidrolat sivke. Blagodejni spanec je tako zagotovljen.

Kulinarika in drugo

V kulinarične namene vedno uporabljamo le pravo sivko *(Lavanda angustifolia)*. Hibridna sivka ima namreč precej več kafre in zato nekoliko premočno aromo, zato je v kulinariki ne uporabljamo. Najpogosteje se uporabljajo sveži ali posušeni cvetovi in listi prave sivke ali njen hidrolat. Eteričnega olja sivke niti drugih rastlin v kulinariki ne uporabljamo, saj gre za preveč koncentriran izvleček.

Iz cvetov prave sivke lahko pripravimo osvežilen sivkin sirup ali jo dodamo v marmelade, še posebej v jagodno in borovničevo marmelado. Dodamo jo lahko v pecivo, kekse, sladoled in sorbet. Pri pripravi sladic lahko uporabimo suhe ali sveže cvetove ali pa prej pripravljen sivkin sirup. Z njo lahko odišavimo kis in olje, ali jo uporabimo kot začimbo za mariniranje mesa, pa tudi kot dodatek limonadi. Cvetove sivke uporabimo kot dekoracijo za sladice, solate in narezek.

Pri odmerjanju sivke v kulinariki je pomembno, da jo uporabljamo zmerno. Dodati jo moramo ravno prav, da pričaramo tisto prijetno nežno sivkino aromo, in ne preveč, saj nas bi to prehitro spominjalo na vrečko sivke proti moljem v omari, česar pa v kulinariki nikakor ne želimo. Sivkino eterično olje lahko uporabimo za odišavljanje daril, voščilnic, bivalnih prostorov in avtomobila. Vrečko sivke lahko položimo tudi v kuhinjski predal, da odžene molje in odišavi prostor.

Sivka pa nas razveseljuje tudi kot okrasni grm na vrtu, v šopku, venčku ali kot potpuri, ki ga postavimo v stanovanje ali pisarno. Tako v vsakdanje življenje vnesemo vonj po počitnicah in energijo sonca, ki pomirja. Pri izdelavi šopkov, ki jih bomo posušili, je pomembno, da sivko naberemo tik, preden se cvetovi začnejo odpirati. Tako dobimo lepe, dolgo obstojne šopke, ki se ne osipajo. Poskrbimo tudi za osebno noto; povežimo šopek z lepim trakom iz naravnih materialov ali pa ga zavijmo v lepo obarvan ročno izdelan papir. Tak šopek je čudovito darilo.

Sivkin kolač

Ta kolač sem naredila na večer, ko smo na morju prvič poskusno destilirali sosedovo sivko in pripravili tematsko sivkino druženje za prijatelje. Vsenaokrog je bil še vedno prijeten vonj eteričnega olja, tako da je ta kolač prijetno dopolnil tematiko večera.

Recept želim deliti z vami, saj lahko z njim tudi vi presenetite svoje prijatelje. Uporabite pravo sivko iz domačega vrta. Količino cvetov prilagodite svojemu okusu. Če hidrolata sivke nimate pri roki, ga lahko nadomestite z vodo. Ta kolač ni samo dober, je tudi lep. Pripravite ga takrat, ko hočete nekaj drugačnega.

TESTO

5 jajca
100 g masla
150 g sladkorja
1 dcl jogurta
0,5 dcl sivkinega hidrolata - izbirno
1 žlička ekstrakta vanilje
200 g moke
100 g mletih mandljev
1 pecilni prašek
ščep soli
limonina lupinica
1 žlica cvetov prave sivke

Rumenjake zmešamo s sladkorjem, dodamo zmehčano maslo, jogurt, sivkin hidrolat in ekstrakt vanilje. Naribamo lupinico bio limone in premešamo. Nato dodamo mlete mandlje, moko, pecilni prašek ter premešamo. Potem stepemo beljake. Proti koncu stepanja jim dodamo ščepec soli, da bo sneg beljakov bolj čvrst. Nato stepene beljake in suhe ali sveže sivkine cvetove rahlo ročno vmešamo v testo. Vlijemo v z oljem premazan pekač in pečemo pri 170 °C štirideset minut.

PREMAZ

0,3 l sladke smetane
2 žlici pasirane skute
30 g mletega sladkorja
1 žlica cvetov prave sivke
limonina lupinica
1 žlica cvetov prave sivke

Premaz pripravimo tako, da stepemo sladko smetano in dodamo skuto. Dodamo še sladkor in premešamo, da dobimo enakomerno maso. Pečen kolač dobro ohladimo in nato po celi površini premažemo s kremo. Kolač mora biti pred nanosom kreme popolnoma ohlajen, priporočam potrpežljivost in pravilno planiranje, pri čemer je potrebno upoštevati tudi čas ohlajanja. V nasprotnem primeru se bo premaz iz smetane razlezel in pokvaril izgled kolača.

Na koncu sledi še pika na i - po vrhu posujemo lepe vijolične cvetove sivke, ki obogatijo izgled in okus.

Če se izogibamo laktoze, lahko recept prilagodimo tako, da namesto jogurta uporabimo mandljevo mleko. Za končni preliv namesto smetane in skute pripravimo bel preliv iz mletega sladkorja in beljaka ali limoninega soka. Seveda ne pozabimo na bistveni del; to je končni posip sivke.

Solni piling s sivko za telo

Za odstranitev odmrlih celic s kože si pripravimo enostavni solni piling za telo, kjer je sol v vlogi trdnih abrazivnih delcev, saj ni topna v olju. Olje in sivka pa ob tem negujeta kožo.

2 dcl mlete morske soli
1 dcl oljčnega olja
10 kapljic eteričnega olja sivke
vijolično mineralno barvilo (mica) - izbirno
mleti suhi cvetovi sivke - izbirno

V skledo damo sol, nato med ročnim mešanjem počasi dodajamo olje, da se enakomerno porazdeli med sol. Nato dodamo eterično olje sivke in premešamo. Po želji dodamo še vijolično mineralno barvilo in mlete cvetove suhe sivke, ki jih zmeljemo v mlinčku za mletje kave. Piling shranimo v lončku in ga dobro zapremo.

Če ga pripravimo za večkratno uporabo, ga ne smemo zajemati z mokrimi rokami, ampak z žličko. Voda ne sme priti v stik z izdelkom, da se mikrobiološko ne pokvari. Ko gremo po pilingu pod tuš, pazimo, da nam zaradi olja ne spodrsne.

Koža je po uporabi pilinga lepo gladka, mehka in dišeča.

Sivkino milo

Izdelava svojega naravnega mila predstavlja velik dosežek. Pravilno izdelano milo ima negovalne lastnosti in precej manj izsuši kožo od običajnih tekočih mil, ki vsebujejo veliko sintetičnih komponent in se težje izpirajo s kože. Tako milo je tudi zelo lepo darilo, še posebej, ker je posuto s cvetovi in dišeče zaradi dodatka naravnih hidrolatov in eteričnih olj.

Pri izdelavi mila je najpomembnejša varnost, za izdelavo je namreč potrebno osnovno poznavanje laboratorijskega dela. Nujno je potrebno upoštevati vsa spodaj navedena varnostna opozorila in natančno slediti postopku izdelave! Na dan, ko se lotimo izdelave mila, je najbolje, da si rezerviramo nekaj ur in da ne delamo v naglici. Tisti čas naj v bližini ne bo majhnih otrok ali hišnih ljubljenčkov. Vse to zaradi varnosti.

Spodnje količine zadostujejo za kalup dimenzij 20 x 8 x 6 centimetrov, to je za deset kosov mila.

Vodna faza:

165 g hidrolata sivke

70,27 g natrijevega hidroksida

10,0 g eteričnega olja sivke

Oljna faza:

240,0 g hladno stiskanega oljčnega olja

80 g mandljevega olja

130 g kokosovega olja

40 g karitejevega masla

10 g stearinske kisline

Dodatki:

2,0 g vijoličnega barvila mica (izbirno)

1 žica posušenih sivkinih cvetov

Najprej pripravimo oljno fazo. V ognjevarno stekleno posodo natehtamo karitejevo maslo, stearinsko kislino in kokosovo olje ter vse skupaj postavimo v vodno kopel. Ko se trdne maščobne sestavine stalijo, posodo odstavimo in dodamo še tekoči del: oljčno in mandljevo olje in premešamo. Pustimo, da se ohladi na 40 °C.

V manjšo posodico natehtamo vijolično barvilo in ga zmešamo z žlico vode ter dobro premešamo. Postavimo na stran.

Pripravimo si kalup. Če imamo namenski lesen kalup za izdelavo mil, ga obložimo s papirjem za peko. Papir obrežemo po obliki kalupa, da milo na površini ne bo imelo gub. Če nimamo namenskega kalupa, lahko uporabimo silikonski pekač pravokotne oblike, ki ga premažemo z oljem. Silikonski kalup naj bo namenski, imejmo ga samo za izdelavo mila. Lahko pa si kalup izdelamo sami, tako da odrežemo eno stranico kartonske embalaže od mleka ali soka. Sedaj pripravimo vodno fazo z lugom, tukaj se zahteva izredna previdnost. Nadenemo si zaščitna očala, masko, rokavice in haljo z dolgimi rokavi. Pri delu pazimo, da se ne dotikamo kože ali sluznic, saj je lug ob kakršnemkoli stiku s kožo zelo dražeč. V bližini imejmo pripravljen kis, da bomo lahko takoj nevtralizirali predel telesa, če bi nam slučajno kaj kapnilo na kožo ali na druge površine. Površino, na kateri bomo delali, dobro prekrijemo z več plastmi papirja.

V posodico natehtamo natrijev hidroksid. V nekoliko večjo plastično ali stekleno posodo natehtamo še hladen hidrolat. Nato v hidrolat počasi dodajamo trden natrijev hidroksid s pomočjo plastične žlice. Pozor, nikoli ne delajmo obratno, vedno je natrijev hidroksid tisti, ki se ga dodaja v vodo (ali v hidrolat, ki je tudi vodna komponenta)! Če je le možno, to fazo naredimo zunaj, na terasi ali balkonu, saj se pri tem sproščata toplota in dražeča para. Raztopina se pri tem močno segreje. Po tleh pogrnemo papir, nanj položimo skledo s hidrolatom in previdno dodajamo natrijev hidroksid. Rahlo premešamo s plastično žlico. Pazimo, da ne vdihnemo pare, ki se začne dvigati iz raztopine. Potem pustimo, da se ohladi na 40 °C. Za merjenje temperature je najbolje uporabiti infrardeči termometer.

Ko sta obe fazi (vodna in oljna) ohlajeni na približno enako temperaturo, to je 40 °C, začnemo z združevanjem faz. Še vedno imamo na sebi vso zgoraj opisano zaščitno opremo. Vodno raztopino hidroksida počasi začnemo dodajati v oljno fazo. Vedno velja, da raztopino natrijevega hidroksida (lug), ki je vodna faza, dodajamo v oljno fazo. Pri tem ves čas mešamo s paličnim mešalnikom, ki naj bo namenski za izdelavo mila. Ko dodamo celo količino vodne raztopine hidroksida, še nekaj minut mešamo naprej, dokler se masa toliko ne zgosti, da dobimo podobno konsistenco kot pri kuhanju pudinga. Če potegnemo čez maso, nastane sled, ki izgine šele čez nekaj sekund.

Potem dodamo eterično olje sivke in predhodno pripravljeno vijolično barvilo ter mešamo še nekaj sekund, da se enakomerno razporedi. Barvilo lahko dodamo v celo maso mila ali pa jo razdelimo na dva dela in barvilo dodamo le v en del; tako bomo dobili dvobarvno milo.

Maso vlijemo v pripravljeni kalup. Če smo naredili dvobarvno milo, poljubno kombiniramo barvne plasti. Pri tem pazimo, da kalup napolnimo enakomerno in da v masi ni zraka. Zgornjo površino lahko gladko poravnamo. Za bolj rustikalen izgled mila pa naredimo neenakomerno površino, kot bi bila rahlo vzvalovana. Če gremo z daljšo paličico vijugasto čez celo globino dvobarvne mase vzdolž kalupa, bomo ob prerezu mila dobili zanimiv barvni vzorec. Če želimo, po vrhu posujemo še mlete cvetove sivke. Del mletih cvetov lahko damo prej tudi že v maso. Na koncu kalup prekrijemo s plastično folijo, ga zavijemo v prt in pustimo dva dni, da se počasi ohladi in strdi.

Ko se milo strdi, ga vzamemo iz kalupa in ga z nožem razrežemo na približno dva centimetra debele rezine. Pri tem lahko uporabimo poseben nazobčan nož, če želimo, da je površina mila neravna. Mila zložimo na pekač ali drugo primerno podlago, ki smo jo prekrili s papirjem za peko in jo pustimo na zračnem in temnem prostoru približno mesec in pol do dva meseca. Pri tem milo vsak teden obrnemo. Pomembno je, da je prostor, v katerem v tej fazi hranimo mila, zračen.

Po dveh mesecih lahko mila shranimo v željeno embalažo za lastno uporabo ali jih zavijemo kot darila, ki bodo počakala na primerno priložnost, da z njimi nekoga razveselimo.

Čili

Capsicum annuum

Moja zgodba

Čili je tako majhen, a tako zelo hud. Čim manjši je, tem hujši! Poznamo ga tudi pod imeni feferon, kajenski poper ali *chili pepper* (angl.). Čilijev je veliko vrst, toliko, da se komaj znajdemo med njimi. Pravi ljubitelji čilija in poznavalci vedo, da je to področje prava znanost in umetnost obenem. Različne vrste čilija majo veliko skupnega, a se med seboj se tudi zelo razlikujejo. Ne le po barvi, obliki in velikosti plodov, ampak tudi po tem, kako pekoči so. Od tistih blagih, pri katerih komaj zaznamo rahlo pekoč okus v njih, pa vse do ekstremno pekočih, ki so ob prekomernem uživanju lahko celo nevarni za zdravje.

Pomen čilija v prehrani ljudi sem zares doumela šele na potovanjih v Aziji. Ko se človek sprehodi po kateri od njihovih tržnic, vidi cele gore čilijev, različnih oblik in barv, svežih, suhih, pa tudi mletih. Včasih je bil čili glavno konzervirno sredstvo v hrani, da se ta v toplem, vlažnem podnebju ni kvarila. Čili je nepogrešljiva začimba azijske kuhinje. Hrana, ki jo jedo domačini, je zares zelo pekoča. A na pekoč okus čilija se navadimo in nas sčasoma več ne moti. Azijci že vedo, da kadar pridejo k njim v goste Evropejci, morajo zanje jedi manj začiniti, sicer bi gostje iz restavracije odšli lačni. Kljub temu pa ne more biti odveč, če ob naročilu jedi omenimo še: »Not so spicy, please.« Umetnost pri uporabi čilija je tako v doziranju količine, kot tudi v vrsti čilija. V Indiji sem opazila, da na koncu obroka ponudijo neke vrste jogurt, ki naj bi oblažil pekoč okus v ustih po pekočem obroku, ampak meni se je zdelo, da ne pomaga kaj dosti.

Na potovanju po Tajski sva se z možem Vilijem udeležila kuharskega tečaja priprave lokalne hrane. Prva stvar, ki smo jo naredili, je bila curry pasta, ki je osnova za mnoge druge jedi. Ena od ključnih sestavin v njej pa je ravno čili. Curry pasta se dela kot zelena ali rdeča različica, v slednji je dodan še paradižnik. Sestavine curry paste, ki smo jih pred kuhanjem spoznali na lokalni tržnici, so bile koriander, limonska trava, galangal, čebula, tajski čili bird's eyes, kajenski čili, česen, limeta, kurkuma, posušeni rakci ter še paradižnik za rdečo različico currya. Ta pasta je potem osnova za omake za različne vrste currijev (zelenjavni, mesni in ribji), ki se jih pripravlja v voku, pogosto z dodatkom kokosovega mleka. Midva sva na tečaju naredila zeleni curry s piščancem, čisto od začetka - od priprave paste naprej, na kar sva še danes ponosna. V curry sva dala po najinem okusu malo manj zelene paste, tako da je bila končna jed odlična, ravno prav pikantna za najin okus, a še vedno polna novih azijskih okusov. Danes se curry paste dobijo že pripravljene v trgovini in se iz njih potem pripravi končna jed.

V tistem času, ko sva se vrnila iz Tajske, doma še nismo gojili svojih čilijev. Kasneje sta nas za to navdušila Janova starša Samo in Janja, ki sta poznavalca čilijev. Na vrtu jih imata vsako leto celo zbirko od spodnje do blizu zgornje Scowellove lestvice, ki meri, kako pekoč je čili posamezne vrste. Najraje imata čili habanero in jalapeno, iz njiju naredita super omake, katere smo poizkusili tudi mi. V tem poglavju je napisan njun recept za omako iz čilija vrste jalapeno. Nad njim so se še posebej navdušili naši fantje doma in sedaj tudi mi na našem vrtu gojimo svoje čilije. Žal nam je, da nismo tega počeli že prej. Če čili vzgojimo sami in ga na vrtu spremljamo od cveta pa do končne zrele barve in oblike ter ga potem še sami pripravimo v hrani, je to prav poseben dosežek, ki ga spremlja kar nekaj ponosa. To je naš čili!

O rastlini

Čili izvira iz srednje in južne Amerike, danes pa je razširjen po vseh celinah. Od navadne nepekoče paprike se čiliji ločijo po plodovih, ki so manjši in pekoči. Obstaja mnogo vrst čilijev, ki se razlikujejo po velikosti, obliki, barvi in izrazitosti pekočega okusa plodov, vsi pa sodijo v družino razhudnikovk *(Solanaceae)*.

Čili je nizek enoletni grm, ki zraste pokončno, običajno do pol metra. Listi so ovalni in na koncu koničasti, posamično so razporejeni po vejicah. Rastlina ima v zemlji glavno korenino, iz katere izraščajo manjše stranske korenine. Cvetovi so beli, zvončaste oblike, razporejeni posamezno. Najpomembnejši je plod, ki je različnih odtenkov; od zelene in rumene do rdeče barve. Plod je v sredini votel, na prerezu pa je razdeljen s pregradami. Znotraj ploda se nahajajo okrogla, bledo rumena semena, ki so velika tri do štiri milimetre. V enem plodu je lahko tudi do nekaj sto semen.

Za značilen pekoč učinek vseh čilijev je odgovoren alkaloid kapsaicin, ki ga ima rastlina v sebi za obrambo pred škodljivci. V vodi je netopen, je pa topen v maščobah in alkoholu. Ko ga človek zaužije, se v ustih veže na receptorje za bolečino in preko živčnega sistema sproži pekoč občutek. Kako močan je ta pekoč občutek, pa je odvisno od vrste čilija in koncentracije kapsaicina v njem.

Kapsaicin je razporejen po celem plodu. Najmanj ga je v steni čilija, več v ovojnici semen, največ pa v tistih delih, s katerimi so semena pritrjena na notranjo stran stene. Če želimo res pekoč občutek, zrežemo cel čili, če pa smo za bolj blago različico, pa prej odstranimo semena in preostanek zrežemo v jed. Poleg pekočega in dražečega okusa pa vzporedno začutimo tudi njegov prefinjen okus, ki spominja na oreške, sadje, cvetje in dimljeno papriko.

Ker obstaja toliko različnih čilijev, je leta 1912 ameriški farmacevt Wilbur Scoville postavil lestvico za merjenje pekočega občutka čilijev (angl. *Scoville heat units – SHU*). Scovillove enote povedo, kolikokrat je potrebno razredčiti ekstrakt posameznega čilija, da pekoč občutek popolnoma izgine. Čim višje je čili na Scovillovi lestvici, tem močnejši je. Takšna rastlina ima tudi več kapsaicina, ki za izginotje pekočega občutka potrebuje več razredčenja. Čisto na vrhu lestvice je kemijsko čisti kapsaicin, ki ima 16.000.000 scovilovih enot, na dnu pa navadna sladka paprika z nič enotami. Danes se koncentracija kapsaicina ne meri več preko stopnje razredčenja, ampak s sodobnimi analitskimi kromatografskimi metodami, ki so bistveno bolj natančne od Scovillove metode.

Kljub vsemu, pa se razvrščanje po Scovillovi lestvici v praksi še vedno veliko uporablja. Za grobo orientacijo poglejmo, kako so umeščene najbolj znane vrste čilijev:

- navadna paprika ni pekoča - 0 enot
- čili Jalapeno – 8.000 enot
- čili Kajenski poper - 50.000 enot
- čili Habanero - 350.000 enot
- čili Carolina Reaper – 2.200.000 enot, je najbolj pekoč čili na svetu

Iz zgornje lestvice je razvidno, kako zelo se čiliji razlikujejo in kako pomembno je poznavanje vrste čilija za pripravo in varno uporabo.

Tuja imena za čili *(Capsicum annuum)* so: *chilli* (angl.), *chili pepper* (angl.), *Pfeffer* (nem.) in *Rote Paprika* (nem.).

Zgodovina

Čili izvira iz južne Amerike. Arheološke najdbe iz tega področja kažejo, da se tu čili uporablja že preko 6000 let in sodi med prve gojene rastline. Najprej so ga uporabljali za dekoracijo, kasneje pa so ugotovili njegovo uporabnost v prehrani. Čili je bil v tropskih predelih pomembna začimba, saj je z njegovo pomočjo hrana dober okus ohranjala daljši čas. Deluje namreč antibakterijsko in s tem predstavlja naravni konzervans. Azteki so ga uporabljali tudi kot sredstvo proti bolečinam. Maji so se borili prodi vpadom sovražnikov tudi tako, da so ga zažigali in s tem ustvarili pekočo dimno zaveso, ki jih je ščitila pred približevanjem napadalcev.

Za prisotnost čilija v Evropi se moramo zahvaliti Krištofu Kolumbu. Na potovanje se je odpravil misleč, da bo prispel v Indijo in našel poper, ki je bil izredno dragocena začimba 15. stoletja. Namesto v Indijo, je priplul v Srednjo Ameriko. Popra tam ni našel, je pa iz tam prinesel nekaj drugega, prav tako pekočega kot poper – čili. Poimenoval ga je rdeči poper. V Evropi se ga je zato oprijelo tudi ime španski poper. Angleški naziv je še danes *pepper*. S trgovanjem se je čili kmalu razširili tudi v Azijo in bistveno spremenil obstoječo kuhinjo.

Zdravje

Poglavitna učinkovina v vseh vrstah čilija, ki je odgovorna za pekoč občutek, je alkaloid kapsaicin. Poleg tega čili vsebuje še vitamine C, B6, E, A, pa magnezij, kalij in železo.

Ko ga zaužijemo, se kapsaicin veže na bolečinske receptorje, preko katerih naši možgani zaznavajo tudi temperaturo. Zato pravimo, da je čili pekoč.

Kapsaicin dokazano deluje protibolečinsko in sicer tako, da vpliva na zmanjšanje aktivnosti živčnega prenašalca, ki v možgane pošilja signal za bolečino. Lokalno ga uporabljamo za lajšanje bolečin v mišicah in sklepih, saj na tem predelu pospešuje cirkulacijo krvi. Ne smemo pa ga uporabiti na poškodovani koži. Danes na tržišču obstajajo dermalni obliži, ki vsebujejo kapsaicin in se uporabljajo lokalno proti bolečinam.

Čili ima antibakterijske in antioksidativne lastnosti. Deluje kot dekongestiv, kar pomeni, da pomaga sprostiti zamašen nos in sinuse. Poleg tega zmanjša občutek srbenja kože.

Pospešuje delovanje prebavnega trakta tako, da pospeši izločanje prebavnih sokov, pospešuje črevesno peristaltiko, deluje torej kot digestiv. Obenem pa pospešuje metabolizem organizma in zmanjšuje občutek lakote, zato pomaga pri hujšanju.

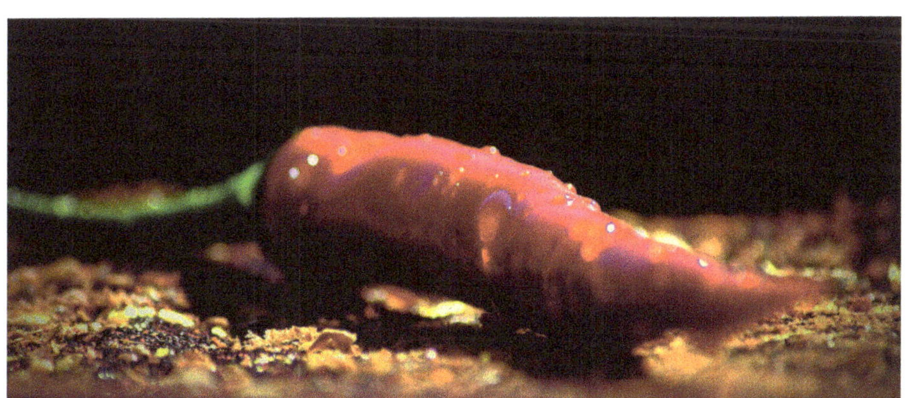

Kulinarika in drugo

Če dodamo pravo količino čilija, pričara jedi popolnoma novo dimenzijo okusov. Ojača namreč tudi okus drugih sestavin v jedi. Lahko ga dodamo svežega ali pa ga posušimo in zmeljemo.

Na trgovskih policah dobimo začimbo pod imenom kajenski poper. To ni črni poper, ampak mleta mešanica posušenih čilijev vrste kajene, ki so srednje pekoči čiliji z rdečimi plodovi. Ime teh čilijev izvira iz mesta Cayenne v Francoski Gvajani v Južni Ameriki, od koder naj bi ta vrsta čilija izvirala. Kajenski poper s pravim poprom torej nima nobene druge povezave kot do, da sta oba zelo pekoča.

Čili je ena od glavnih začimb v svetovni kuhinji, zlasti v Aziji in srednji Ameriki. Vsi poznamo mehiško jed *Chili con Carne* ali azijski *curry*, italijanske špagete z oljčnim oljem, česnom in čilijem ter seveda legendarno čilijevo omako *Tabasco*.

Najpogosteje ga dodamo v mesne in zelenjavne omake, enolončnice, juhe, rižote, pa tudi v pikantne namaze. Nepogrešljiv je v mesnem golažu ali fižolu v omaki. Lahko sami pripravimo domačo čilijevo omako za testenine in jo tudi zamrznemo.

Čilijevo olje pripravimo tako, da pustimo čilije v olju nekaj tednov, da se izloči kapsaicin, ki je oljetopen. Tako postane olje pikantno. Olje nato precedimo in shranimo v suhi steklenici. Z njim potem začinimo solate, meso ali sire.

S čilijem pa lahko eksperimentiramo tudi pri sladicah, dobro se namreč kombinira s čokolado. Lahko ga dodamo pri kuhanju marmelade.

Pri delu s čilijem, zlasti s tistimi bolj pekočimi, je na prvem mestu varnost. Ko ga režemo, se s prsti ne smemo dotikati oči, nosu ali ust, saj lahko zelo draži. Ko meljemo posušen čili v kavnem mlinčku v prah, imejmo zaščitno masko, očala in rokavice, da ne bi nehote vdihnili preveč kapsaicina. Če nas po zaužitju čilija peče v ustih, spijmo mleko ali dajmo v usta košček masla. Voda nam ne bo dosti pomagala, saj kapsaicin ni topen v vodi, ampak v maščobi in se na ta način razredči.

V vrtovih se čili uporablja kot naravno sredstvo za odganjanje mrčesa in drugih škodljivcev.

Nekatere nižje rastoče vrste čilija pa so s svojimi slikovitimi plodovi v jesenskem času lahko tudi okrasna rastlina v zunanjih gredicah ali lončkih, ki jih lahko postavimo na mizo namesto šopka za okras.

Omaka iz čilijev

1 žlica ghee masla
1 šalotka
1 strok česna
2 dcl paradižnikove mezge
2 čilija jalapeno
½ čajne žličke mletega koriandra
½ čajne žličke mlete limonske trave
1 čajna žlička medu
sol

Na maslu prepražimo šalotko in česen, nato dodamo na koščke narezan svež čili jalapeno ter prepražimo. Dodamo paradižnikovo mezgo in dušimo približno pet minut. Nato dodamo med, koriander, limonsko travo in sol.

Omako postrežemo z rižem, širokimi rezanci ali drugo vrsto testenin. Na koncu lahko potrosimo še z narezanim svežim čilijem (zelenim ali rdečim) in posujemo ščepec suhega čilija. Vse to je odvisno od tega, kako vzdržljivemu jedcu in kolikšnemu ljubitelju čilija je jed namenjena.

Čilijevo mazilo

To mazilo uporabljamo zunanje na nepoškodovani koži za blaženje bolečin v sklepih, mišicah in križu. Pri tem pazimo, da mazila ne zanesemo v oči, nos ali usta, saj je dražeče. Po tem, ko mazilo namažemo, si umijmo roke s toplo vodo in milom.

150 ml oljčnega olja
15 g čilija v prahu (kajenski poper)
10 g čebeljega voska

Najprej pripravimo macerat čilija v oljčnem olju ali drugem stabilnem nosilnem olju. Oljčno olje je dovolj termično stabilno in enostavno dostopno. Olje in čili damo v termostabilno stekleno posodo in jo postavimo na vodno kopel (v drugo večjo posodo, v kateri vre voda). Segreje naj se do približno 40 – 50 °C, ob tem večkrat premešamo. Potem odstavimo in pustimo da se ohladi. Vmes še nekajkrat premešamo. Postopek segrevanja in ohlajanja dvakrat do trikrat ponovimo. Na koncu olje, ki je postalo rdečkasto, ker so se ekstrahirale komponente iz čilija, precedimo. Tako smo dobili čilijev macerat izdelan po hitrem postopku.

Kupimo čebelji vosek, ki je prečiščen v obliki večjih ali manjših granul. Damo ga v ognjevarno posodo skupaj s čilijevim maceratom in postavimo nazaj na vodno kopel. Segrevamo in mešamo toliko časa, da se čebelji vosek v olju stali. Potem prelijemo v čiste, suhe steklene posodice s pokrovom in počakamo, da se mazilo strdi. Šele po tem, ko je ohlajeno, posodice zapremo in označimo z etiketo. Hranimo na temnem in hladnem mestu, nedosegljivo otrokom.

Če želimo bolj pekoče mazilo, lahko uporabimo več čilija ali bolj pekočo vrsto. Če pa želimo, da je mazilo bolj trdno, uporabimo več čebeljega voska (ali manj, če želimo manj trdnega). Sestavine lahko nekoliko prilagajamo, kot nam najbolj ustreza.

Oreh
Juglans regia

Moja zgodba

Moji prvi spomini na orehe segajo v moje otroštvo in so povezani s starimi starši po mamini strani. Spominjam se, da je stari oče Jože jeseni v veliki platneni vreči prinesel domov orehe. Lotili smo se jih tako, da smo najprej odstranili razpokani posušeni črni ovoj, ki je že nekoliko odstopal od naslednje trde plasti orehove lupine. Tako pripravljene orehe je stara mama Amalija ali Malči, kot so jo klicali v vasi, dala sušit v košaro, ki jo je postavila na klop poleg krušne peči.

Ko se je bližal čas Božiča, je bilo potrebno orehe streti. Zvečer smo vnuki sedli skupaj s starima staršema okrog mize, ki je bila v osrednjem prostoru, ki se je imenoval »hiša«. To je bil glavni prostor, v katerem se je vse dogajalo. Bil je dnevna soba, jedilnica in spalnica obenem, v njem se je nahajala tudi krušna peč. Stari oče je s kladivom ali z velikimi kleščami orehom najprej previdno strl trdo lupino, tako da je čim manj poškodoval sredico, potem pa smo otroci iz njih pobirali jedrca. Čim večja jedrca smo našli v kupu strtih orehov, tem bolje je bilo. Paziti smo morali le, da med njimi ni bilo ostankov trdih lupin ali tankih olesenelih delov oreha, ki se z notranje strani držijo užitnega jedrca. To je namreč lahko pomenilo neprijetno presenečenje kasneje, ko smo jedli potico, pa tudi kakšen okrušen zob.

Stari oče je imel zelo zdrave in močne zobe, zato se je včasih pred nami pohvalil, da lahko oreh stre z zobmi. In res ga tudi je. Menda je bilo včasih to, da nekdo lahko z zobmi stre oreh, pojem zdravih zob. Stara mama se je potem vedno jezila, češ, da si bo uničil zobe, nam pa je zabičala, da tega nikakor ne smemo poizkušati.

Otroci smo se trudili, da ne bi vsega, kar smo izluščili, takoj pojedli. Jedrca smo skušali skrbno zbirati na kupček, da bi jih zbrali polno skledo, ki bi bila dovolj za orehovo potico. Potem jih je stara mama s posebnim mlinčkom orehe zmlela. To je bil star ročni mlinček, ki ga je z vijakom pritrdila na rob lesene kuhinjske mize tako, da se je ročaj dalo prosto vrteti ob mizi. Na drugi strani so se prikazali mleti orehi in se nabirali v podstavljeni skodeli. Miza, na katero je namestila mlinček, je imela pod zgornjo ravno površino veliko leseno korito, v katerem je mesila kruh. Tako mizo je imela takrat vsaka hiša v vasi. Korito je moralo biti veliko, da je gospodinja lahko zamesila dovolj hlebcev kruha za cel teden, za nekoč precej številne družine. V dolenjskem narečju se je taki mizi reklo »mentrga«.

Po starem družinskem receptu je dan pred Božičem stara mama spekla orehovo potico. Tisti dan je vstala zelo zgodaj, da je zakurila krušno peč, ki je morala biti dobro razbeljena. Testo je zamesila v koritu v mizi, potem pa ga je razvaljala in ga namazala z orehovim nadevom. Tega je pripravila v rdeči emajlirani skledi z belim, pikčastim vzorcem. Potico je nato zvila in odrezala skrajne konce, da je bil glavni del ravno prav velik za v pekač. V dveh polovicah jo je previdno položila v namazan pravokoten pekač, pokrila s kuhinjskim prtom in pustila, da je na klopi ob topli krušni peči nekoliko vzhajala. Na koncu je zgornjo stran namazala s stepenim jajcem. Pekač je namestila na sredino krušne peči poleg hlebcev kruha, ki jih je zamesila isti dan, kot je delala potico. Poleg njega pa je postavila še manjši pekač z odrezanimi skrajnimi deli potice ali »krajčki«, kot smo jim rekli. Pri razporejanju v peči si je pomagala z »burkljami«, to je posebno kovinsko orodje na dolgem ročaju za premikanje stvari v krušni peči. Ko je bilo vse nameščeno v razbeljeno peč, je v zraku naredila simbolni križ, da bi peka dobro uspela, in zaprla vrata peči.

Ko se je potica pekla, smo vnuki nestrpno preverjali, koliko je še do konca in se stari mami ves čas motali okrog nog. Po dobri uri je dobrote pobrala iz peči. Otroci smo najprej dobili še tople pečene krajne ostanke potice, ki so se pekli posebej in so bili zares dobri. Naslednji dan, na praznik, pa smo dobili še rezine glavne potice, ki so bile na debelo posute z belim mletim sladkorjem in na velikem krožniku naložene druga ob drugi. To je bila nagrada, ki smo jo otroci komaj čakali.

O rastlini

Oreh je listopadno drevo, ki zraste od dvajset do petintrideset metrov v višino in sodi v družino orehovk *(Junglandaceae)*. Naredi zelo globoke in široke korenine, ki segajo tako široko, kot je obsežna krošnja drevesa. Pravijo, da oreha ne smeš posaditi preblizu hiše, saj se ta z leti tako razraste, da lahko celo dvigne hišne temelje. Za svojo rast potrebuje veliko svetlobe, zato pogosto raste samostojno, stran od drugih dreves.

Spomladi na istem drevesu zrastejo krajši ženski cvetovi in moški cvetovi, v obliki dolgih mačic. Opraševanje opravi veter. Listi so spomladi rdečkasti in pernati, dolgi okrog trideset centimetrov in so sestavljeni iz petih do devetih manjših listov. Listi kasneje tudi ozelenijo. Drevo je zelo občutljivo na zmrzal, zato se kakšno leto lahko zgodi, da na celem drevesu ni niti enega samega plodu. Pod orehom navadno ni drugih rastlin in sicer zaradi naftokinonskega derivata juglona, ki se spira iz oreha v zemljo in škodi rasti drugih rastlin.

Plod je okrogel, velik od tri do pet centimetrov. V začetku je zelen, kasneje pa se pod zeleno ovojnico razvije trda lupina, ki ima v vsebi užitno jedro. Orehi so zreli takrat, ko se zelena ovojnica posuši, postane rjava do črna in se razpre tako, da se pod njo pokaže nagubana olesenela lupina, ki v sebi skriva užitno jedro. Jedro oreha je nagubano in sestavljeno iz dveh simetričnih delov. Bela sredica je obdana s tanko rjavkasto ovojnico. Zanimivo je, da oblika orehovih jedrc spominja na možgane. Ravno orehi namreč vsebujejo mnogo snovi, ki možganom koristijo.

Orehe pobiramo v septembru in oktobru. Nekateri mu zaradi trde lupine okrog jedrca pravijo tudi leseno sadje. Zunanjo suho in porjavelo lupino, ki nastane iz zelenega ovoja, odluščimo, potem pa lahko shranjujemo cele orehe skupaj s trdno lupino ali pa shranjujemo že oluščena jedrca. Okus orehovih jedrc je bogat, zemeljski. Rjava kožica, ki obdaja belo jedro, doda nekaj grenko trpkega, a prijetnega priokusa.

Navadni oreh je danes razširjen praktično povsod v Evropi, Aziji, Ameriki in Avstraliji. Uspeva do nadmorske višine 1000 metrov. Raste kot posamezno samostojno drevo blizu naselij, vse več je tudi velikih nasadov. Orehov les je zelo cenjen, zlasti za izdelavo pohištva, pa tudi za glasbila. V kulinarične namene uporabljamo orehova jedrca, za lajšanje nekaterih zdravstvenih težav pa tudi zelene liste ali še nezrele plodove oreha.

Listi oreha in zelene lupine nezrelega oreha vsebujejo predvsem čreslovine (elagitanini), ki imajo adstringentni učinek ter flavonoide (hiperozid in kvarcetin). Poleg tega vsebujejo še juglon in germakren. Jedrca vsebujejo približno 60 % maščob, 15 % proteinov, 15 % ogljikovih hidratov, vlaknine, vitamine in minerale.

Tuja imena za navadni oreh *(Juglans regia)* so: *common walnut* (angl.), *English walnut* (angl.) in *Walnuss* (nem.).

Zgodovina

Med arheološkimi izkopavanji ostankov iz mlajše kamene dobe na področju Francije so našli ožgane ostanke orehovih lupin, kar nakazuje na verjetno uporabo oreha že v tistih časih. V času ledene dobe je oreh izumrl, vendar so ga kasneje zopet prinesli na to področje.

Na glinenih ploščah obstajajo zapisi, da so orehe gojili že v visečih vrtovih v Babilonu. Rimljani so ga poimenovali *Juglans regia*, plodove so uporabljali za hrano, liste pa kot barvilo za tekstil in lase. Uporabljal se je kot črnilo za pisanje in slikanje. Celo velika mojstra, kot sta Leonardo da Vinci in Rembrandt, naj bi ga uporabljala kot črnilo pri kreiranju svojih mojstrovin.

Vrečka orehov je nekoč pomenila simbol bogastva in zdravja, zato so ga ljudje pogosto dajali drug drugemu v dar.

Oreh je v svoji »Slavi vojvodine Kranjske« leta 1689 takole omenil tudi Valvasor: *»Oreh je v Kranjski deželi precej razširjen. Ljudje ga sušijo za jed, a ga tudi rabijo za neki kruh v božičnih dneh, čemur recejo potica.«*

Zdravje

V zdravilne namene se tradicionalno uporabljajo zeleni listi, zeleni nezreli in zreli plodovi oreha. Listi oreha in zelene lupine nezrelega oreha imajo adstringentni učinek, kar pomeni, da zmanjšujejo prepustnost površine sluznic, kože in kapilar ter tako zmanjšujejo vnetni proces.

Liste nabiramo od junija do julija in jih na hitro posušimo. Iz njih lahko pripravimo čaj ali kopel. Čaj iz orehovih listov se uporablja proti driski pri črevesnih infekcijah in zunanje proti kožnim vnetjem, aknam, pa tudi pri močnem potenju. Juglon in germakren delujeta proti bakterijam in gljivicam. Juglon je snov, ki hitro polimerizira v rjavo-črni pigment in se zato uporablja tudi kot sredstvo za samoporjavitev kože.

Orehova jedrca imajo pomembne pozitivne učinke v preprečevanju srčno žilnih bolezni in so »hrana za možgane«. So pomemben vir omega 3 maščobnih kislin (alfa-linolenska kislina), ki so esencialne kisline, kar pomeni, da jih človeško telo ne more samo proizvesti, ampak jih dobi s hrano. Pomembne so za normalno delovanje procesov v telesu, zlasti za delovanje živčevja, ohranjanje zdravega nivoja holesterola, preprečevanje vnetnih procesov v telesu, preprečevanje kardiovaskularnih težav in za izboljšanje spomina.

Orehi vsebujejo veliko polifenolov, ki so močni antioksidanti in so eno glavnih orožij telesa za boj proti boleznim. Zgoščeni so zlasti v rjavkasti kožici, ki obdaja jedrca. Vsebujejo jih več kot katerikoli drugi oreški. Zaradi močnih antioksidativnih lastnosti oreha, je kar nekaj znanstvenih študij ugotavljalo pozitivne učinke proti raku.

Orehova jedrca so tudi bogat vir vlaknin, vitaminov (zlasti vitaminov iz skupine B in vitamina E) in mineralov (magnezija, kalcija, kalija, železa, cinka in selena). Vsebujejo melatonin, kar je posebnost v rastlinah, ki v telesu pomaga uravnavati nespečnost.

S hladnim stiskanjem orehovih jedrc se pridobiva zelo cenjeno orehovo olje, ki je dragocen vir hranilnih snovi. Cenjeno je tudi v kozmetiki za nego kože in las, proti gubicam, pigmentnim madežem, zaščiti pred škodljivimi vplivu sončnih žarkov in proti prhljaju. Orehov se morajo izogibati vsi, ki so alergični na oreške.

Kulinarika in drugo

Orehova jedrca so zaradi svoje hranilne vrednosti in prefinjenega okusa izredno cenjena sestavina v kulinarki, kjer se uporabljajo surova ali pražena, cela, grobo narezana ali mleta.

V Sloveniji se najbolj pogosto uporabljajo v tradicionalnih receptih za sladice, in sicer za orehovo potico in prekmursko gibanico. Zelo priljubljene so tudi druge sladice z orehi, kot so palačinke z orehovim nadevom ali orehova pita. Najbolj so priljubljene kombinacije orehov s čokolado, jabolki in skuto.

Včasih so ljudje orehova jedrca jedli za malico, kar cela, skupaj s črnim polnozrnatim kruhom. Kdaj so zraven pojedli še nekaj krhljev jabolk ali hrušk. To danes vidimo le redko. Če sedaj pomislim, kako zdrav in uravnotežen obrok je bil to. Zakaj ne bi spet obudili te navade? Orehova jedrca brez vseh dodatkov jejmo kot zdrav prigrizek, imejmo jih v službi ali pa jih postrezimo obiskom ob pijači namesto slanega peciva in piškotov.

Iz orehov lahko pripravimo energijske ploščice z medom in drugimi oreški. Dober je tudi namaz z gorgonzolo in mletimi orehi. Prav tako jih lahko dodajamo v solate, običajno jih posujemo grobo narezane po zelenjavni ali sadni solati. Zanimiva je solata iz rdeče pese, posuta s koščki sira in grobo narezanimi orehi. Uporabimo jih lahko kot dodatek v ovseni kaši s sadjem za zdrav zajtrk ali kot sestavina pesta skupaj z baziliko, meto in čemažem.

Zelo dragoceno je hladno stisnjeno orehovo olje, ki ga uporabimo kot prefinjen dodatek na koncu priprave jedi. Pokapljamo ga po siru, solatah, juhah in testeninah. Iz kombinacije orehovega olja, balzamičnega kisa, drobno sesekljane šalotke, soli, popra in medu lahko naredimo zelo dober preliv za solato. Lahko pa orehovo olje le natočimo v majhno skodelico in v njega pomakamo kruh. Olja ne smemo segrevati. Ponekod nezrele orehe, ki so še v zeleni lupini, vlagajo v kis in jih postrežejo poleg narezka iz mesnin. Iz njih lahko pripravimo tudi liker.

Pri shranjevanju orehov moramo biti zelo pozorni, saj lahko hitro postanejo žarki. Zaradi škodljivega vpliva vlage, kisika ali mikroorganizmov orehi izgubijo svoj prijeten vonj in okus ter postanejo grenki. Zato orehe v lupini ali jedrca hranimo v dobro zaprti posodi na hladnem in suhem mestu. Lahko jih tudi zamrznemo.

Orehova potica

To je recept moje mame Marinke. Mislim, da ga je podedovala od svoje mame Malči. To potico je vedno delala za božične in velikonočne praznike. Simbolizira družino, toplino in praznik. Dolgo časa se je nisem lotila peči sama, zdelo se mi je preveč zahtevno, samo za najbolj izkušene gospodinje. Nekega dne pa sem se le opogumila. Želela sem namreč nadaljevati tradicijo. Za družino jo spečem enkrat ali dvakrat na leto. Želim si, da bi šel ta recept naprej v naslednje rodove, v družine naših sinov in njihovih otrok, skupaj s prijetnim občutkom domačnosti. Ta recept sem vključila v to knjigo zato, da se ne izgubi.

Na fotografiji je potica, ki sem jo izdelala po njem. Postrežena je na prtu, ki ga je izvezla mama. Spominjam se, da je ta prt, ki prekriva celo mizo, vezla skoraj leto dni. Sedaj je ta dediščina skupaj z receptom pri meni v njen spomin. Z veseljem ga delim skupaj z vami.

Potico običajno začnemo pripravljati zgodaj zjutraj, da je nared za sladico po kosilu ali za popoldanske obiske sorodnikov in prijateljev. Postopek izdelave zahteva kar nekaj časa. Potica je odlična tudi še naslednji dan. Lahko jo tudi zamrznemo.

Od nekdaj velja, da mora biti za dobro potico v prostoru prijetno toplo in ne sme biti prepiha, da ima potica mir in lepo vzhaja.

Danes lahko vstanemo kakšno uro kasneje, kot so vstajale gospodinje včasih. Sodobne pečice delujejo enostavno s pritiskom na gumb. V kuhinji je vedno prijetno toplo in brez prepiha. Kljub temu želijo moderne gospodinje postopek še poenostaviti in potico včasih kar kupijo. Vsaj enkrat v letu poskusite potico narediti sami. Verjemite, splača se potruditi in jo speči že zjutraj. Tisti dan zadiši po vsej hiši, vonj pa prikliče lepe občutke domačnosti tako družini kot tudi obiskovalcem. Vaša potica bo nekaj posebnega in edinstvenega, ker je samo vaša, pa čeprav ne bo narejena po strogih pravilih vrhunskih kuharskih mojstrov in ne bo ravno za v prestižne kulinarične revije. Spodaj prilagam recept, ki ga lahko tudi spremenite in prilagodite po svojem okusu.

Za premaz

1 jajce (celo)

2 žlici sladke smetane

Nadev

60 dkg mletih orehov

15 dkg sladkorja

2,5 dcl mleka

1 dcl sladke smetane

6 jajčnih beljakov

1 čajna žlička vaniljevega ekstrakta

½ čajne žličke cimeta

1 bio limona

2 žlici ruma

Testo

70 dkg bele moke

10 dkg sladkorja

12 dkg masla

6 jajc (samo rumenjaki)

3 dl mleka

42 g kvasa

2 žlici ruma

ščep soli

Mleko segrejemo le toliko, da je prijetno toplo na dotik. Dodamo žlico sladkorja in žlico moke ter nadrobimo kvas. Premešamo in počakamo, da vzhaja.

V večjo skledo presejemo moko, nekaj žlic je pustimo pri strani, da jo bomo uporabili kasneje, ko bomo mesili testo. V moki naredimo vdolbino, v katero vlijemo vzhajan kvas. Po moki ob robu posode posolimo.

V drugi posodi penasto vmešamo rumenjake, sladkor in zmehčano maslo in vse skupaj vlijemo poleg kvasa v vdolbinico v moki. Nato naribamo še limonino lupinico in dodamo rum. Počasi začnemo s kuhalnico ali ročnim mešalnikom s spiralastimi metlicami vmešavati moko v tekoči del sestavin. Ko se že precej zgosti, lahko nadaljujemo ročno in mesimo toliko časa, da nastane rahel gladek hlebček, ki se lahko loči od stene posode. Če se testo še prijemlje na stene posode, pod njim posujemo še malo moke, ki smo jo prihranili. Ko je hlebček narejen, ga dvignemo, po dnu posode posujemo moko, da se testo ne bo oprijelo, nato pa ga položimo nazaj in pokrijemo s prtičkom. Testo pustimo na toplem približno pol ure, da vzhaja.

Medtem pripravimo orehov nadev tako, da zmešamo mlete orehe in sladkor ter zmes poparimo z vročim mlekom in premešamo. Orehe poparimo z vročim mlekom zato, da so lažje prebavljivi. Ko se masa nekoliko ohladi, previdno vmešamo še smetano, stepene beljake in dodamo še naribano limonino lupinico, vaniljev ekstrakt, rum, cimet in premešamo.

Medtem je testo vzhajalo. Mizo pogrnemo s prtom za valjanje testa in ga posujemo z moko. Testo previdno zvrnemo na sredino prta, posujemo z malo moke še po vrhu testa, da se ne bo oprijemalo valjarja in začnemo testo počasi valjati na vse strani. Valjamo toliko časa, da je debelina testa približno pol centimetra. Poskušajmo ga razvaljati v obliko, ki je vsaj približek pravokotnika, ki naj bo nekoliko daljši kot je dvojna stranica pekača. Nato z orehovim nadevom enakomerno premažemo celo površino razvaljanega testa. Zatem začnemo potico tesno zvijati vzdolž daljše strani. Pri tem si lahko pomagamo tako, da dvignemo prt, na katerem smo valjali in ga skupaj s premazanim testom postopno zvijamo. Medtem pazimo, da med posameznimi plastmi iztisnemo ves zrak.

Vzamemo pravokoten pekač, velik približno 20 x 35 centimetrov in ga obložimo s papirjem za peko. Zvitek najprej prerežemo na sredini, potem pa odmerimo dolžino pekača in zarežemo še na obeh straneh. Odrezan del previdno prestavimo v eno polovico pekača, enako ponovimo še z drugo polovico zvitka. Namesto noža lahko za rezanje zvitka uporabimo rob krožnika. Če zvitek zarežemo z njegovim robom, bo rez nekoliko manj oster, testo bolje pokrije nadev ob zarezani površini in tako se nadev tam med peko manj zasuši. Lahko uporabimo tudi okrogel pekač, ki ga prej premažemo z oljem in zvitek potice zarežemo tako, da se bo lepo prilegal obodu pekača.
Potico pustimo v pekaču na toplem še približno pol ure, da vzhaja. Potem zgornjo površino premažemo s stepenim celim jajcem, ki smo mu dodali smetano, zaradi katere ima skorjica potem posebno lep lesk. Na koncu z iglo ali vilicami potico nekajkrat prebodemo, da bo med peko lažje izhajal zrak in da se bo bolj enakomerno pekla.

Nato jo damo v pečico, ogreto na 180 °C in pečemo približno eno uro. Ko je potica pečena, jo vzamemo iz pečice, pokrijemo s prtičkom in počakamo, da se ohladi. Nato jo zvrnemo iz pekača, posujemo z mletim sladkorjem in narežemo na rezine.

Orehov liker

V Sloveniji se ta pijača imenuje orehov liker ali orehovec, v Italiji Noccino, v Avstriji pa Nussschnaps. Glavne sestavine in način izdelave je v vseh deželah podoben, nianse in skrivnosti hišnih receptov pa se skrivajo predvsem v dodanih začimbah.

- 1 l žganja
- 25 zelenih orehov
- 50 dkg rjavega sladkorja
- 1 bio pomaranča
- 1 bio limona
- 1 strok vanilje
- 1 cimetova palčka
- 10 nageljnovih žbic

Zelene nezrele orehe nabiramo konec junija, lupina okrog jedrca mora biti še mehka, da je oreh možno prerezati.

Zelene orehe operemo in narežemo na kolobarje ali na četrtine. Pri rezanju obvezno uporabimo rokavice, če nočemo potem še nekaj dni hoditi naokrog s temnorjavimi madeži orehovega soka po prstih. Damo jih v večji steklen kozarec z navojem. Dodamo na kolobarje narezani oprani pomarančo in limono, nato še sladkor in začimbe. Prelijemo s kvalitetnim žganjem in kozarec zapremo. Pustimo na okenski polici osem tednov, vmes večkrat pretresemo in opazujemo, kako vsebina postaja vedno bolj rjavkasta.

Nato precedimo in nalijemo v steklenico, ki naj bo lepo oblikovana, saj tak liker zasluži tudi lepo embalažo. Shranimo v temnem in hladnem prostoru.

Liker je sicer dober že kratek čas po izdelavi, najboljši pa je, če ga pustimo zoreti dalj časa. Če uspemo počakati, lahko celo leto ali dve. Pred uporabo ga je potrebno prefiltrirati in pretočiti v drugo steklenico, saj se zaradi čreslovin po daljšem času na dnu nabere temna usedlina in kvari videz in okus.

V naših krajih je izdelovanje orehovega likerja zelo razširjeno. Vsaka hiša ima nekoliko drugačen recept, skrivnost dobrega okusa pa se skriva ravno v majhnih podrobnostih.

Navadno ga postrežemo po obilnem kosilu, saj je zelo dober digestiv. Še posebej prija v zimskem obdobju, po dolgem pohodu s prijatelji. Lahko ga uporabimo tudi tako, da ga polijemo po vaniljevem sladoledu ali žlico likerja dodamo v testo za sladice. Še posebej prija v orehovem ali čokoladnem kolaču. Kot aperitiv ga lahko kombiniramo z limoninim sokom in ledom ali pa ga nekaj kapljic dodamo kavi.

dr. Damjana Zupančič Božič

Po izobrazbi je farmacevtka in specialistka oblikovanja zdravil. Leta 1990 je diplomirala in leta 1995 magistrirala na Fakulteti za farmacijo. Specializacijo iz oblikovanja zdravil je opravila leta 2001. Naziv doktorica farmacevtskih znanosti pa je pridobila leta 2008 na Fakulteti za farmacijo Univerze v Ljubljani.

Tekom svoje dosedanje kariere dela v farmacevtski industriji, kjer veliko sodeluje z mednarodnimi timi. Je soavtorica nekaj strokovnih člankov iz področja farmacevtske tehnologije in industrijske farmacije v domači in tuji strokovni literaturi.

V sklopu delovanja v Slovenskem farmacevtskem društvu je bila članica Tehnološke sekcije in komisije za slovensko farmacevtsko tehnološko terminologijo. Leta 2003 je bila prejemnica Minařikovega priznanja.

V času programa dodiplomskega študija na Fakulteti za farmacijo je opravila tudi izpit iz predmeta Farmakognozija - veda o zdravilnih rastlinah in zdravilih rastlinskega izvora. S področjem farmakognozije se v zadnjih letih ukvarja predvsem ljubiteljsko. S prebiranjem strokovne literature s področja zdravilnih rastlin in spremljanjem sodobnih dognanj s tega področja nadgrajuje znanje, ki ga je pridobila med študijem farmacije.

V prostem času se ukvarja tudi s formuliranjem naravne kozmetike iz izvlečkov zdravilnih rastlin, pri čemer uporablja svoje strokovno znanje iz farmacevtske tehnologije in oblikovanja zdravil.

Živi na Otočcu pri Novem mestu. Je tudi žena in mama treh sinov.

- S. Kreft, N. Kočevar Glavač: Sodobna fitoterapija - z dokazi podprta uporaba zdravilnih rastlin. Univerza v Ljubljani, Fakulteta za farmacijo. Slovensko farmacevtsko društvo, 2013.
- W.C.Evans: Trease and Evans Pharmacognosy, 16th edition. Elsevier, 2009.
- European Medicine Agency, Herbal medicinal products, European Union monographs and list entries. https://www.ema.europa.eu/en/medicines/field_ema_web_categories%253Aname_field/Herbal/field_ema_herb_outcom[illegible]opean-union-herbal-monograph-254.
- K. Galle Toplak: Zdravilne rastline na Slovenskem. Mladinska knjiga, 2000.
- M.Pahlow: Velika knjiga o zdravilnih rastlinah. Cankarjeva založba, 1987.
- H.W. Kothe: Praktični vodnik Zelišča. Učila, 2012.
- R.Beiser: Užitne divje rastline, prepoznavanje, nabiranje in priprava. Narava, 2015.
- D.Cortese: Divja hrana. Založba Kmečki glas, 2010.
- M.Wasilevich: Ugly Little Greens. Page Street Publishing, 2017.
- D. Mc Kay, J.B. Blumberg: A Review of the bioactivity and potential health benefits of peppermint tea (Mentha piperita L.). Phytotherapy Research 2006; 20(8): 619-633.
- D.N. Reddy, A.J. Rajab, M. Sharma, M.M. Moses, G.R. Reddy, M. Albratty: Chemical constituents, in vitro antibacterial and antifungal activity of Mentha x Piperita L. (peppermint) essential oils. J King Saud Univ Science 2019; (31): 528-533.
- D. Antunes Viegas, A. Palmeira DeOliveira, L. Salgueiro, J. Martinez De Oliveira, R. Palmiera De Oliveira: Helichrysum italicum: from traditional use to scientific data. J Ethnopharmacol 2014; 151(1): 54-56.
- A. Sala, M.C. Recio, R.M. Giner, S. Manez, H. Tournier, G. Schinella, J.L. Rios: Anti-inflammatory and antioxidant properties of Helichrysum italicum. J.Pharm Pharmacol 2002; 54(3): 365-71.
- R. Kowalski, T. Baj, K. Kalwa, G. Kowalska, M. Sujka: Essential oil composition of Tilia cordata Flowers. J Essent Oil Bearing Plants 2017; Vol.20, Issue 4.
- A. Macelli et all.: Saturea montana L. Essential Oils: Chemical Profiles/Phytochemical Screening, Antimicrobial Activity and o/w Nano Emulsion Formulations. Pharmaceutics 2020; 12(1),7.
- K.K. Mueen Ahmed, S. Parsurman: Urtica dioica L. (Urticaceae): A Stinging Nettle. Sys Rev Pharm 2016; 5(1):6-8.
- D. Kregiel, E. Pawlikowska, H. Antolak. Urtica spp.: Ordinary Plants with Extraordinary Properties. Molecules 2018; 23(7): 1664.
- D. Sobolewska, I. Podolak, J. Makowska-Was: Allium ursinum: botanical, phytochemical and pharmacological overview. Phytochem Rev; 2015: 14(1): 81-97.
- A. Ghorbani, M. Esmaeilizadeh: Pharmacological properties of Salvia officinalis and its components. J Trad Compl Med; 2017: 7(4): 433-440.
- A. Di Napoli, P. Zucchetti: A comprehensive review of the benefits of Taraxacum officinale

on human health. Bull Nat Res Centre 2021; 45: 110.

- H. Moradkhani et all: Melissa officinalis L., a valuable medicine plant: A review. J Med Plants Res 2010; 4(25): 2753-2759.
- J. Nellofer, I. Khurshid, J. Riffat: Calendula officinalis. An Important Medicinal Plant with Potential Biological Properties. Proc Ind Natn Sci Acad; 2017: 83 (4): 769-787.
- E. Basch et all: Marigold (Calendula officinalis L.) An Evidence-Based Systematic Review by the Natural Standard Research Collaboration. J Herb Pharmacotherapy 2009; 8: 135-159.
- Z. Saddiqe, I. Naeem, A. Maimona: A review of the antibacterial activity of Hypericum perforatum L. J Ethnopharm 2010; 131(3): 511-521.
- S. Jarić, M. Mitrović, P. Pavlović: Review of Ethnobotanical, Phytochemical and Pharmacological Study of Thymus serpyllum L. Evidence-Based Compl Altern Med. 2015 (7).
- B. Heral, E. Stierlin, X. Fernardez, T. Michel: Phytochemicals from the genus Lavandula: a review. Phytochem. Rev. 2021 (20), 751-771.
- D.N.Olennikov, N.I.Kashchenko, N.K.Chirikova: Meadowsweet Teas as New Functional Beverages: Comparative Analysis of Nutrients, Phytochemicals and Biological Effects of Four Filipenndula Species. Molecules 2017; 22(1): 16.
- K. Jakubczyk, K. Janda, D. Styburski, A. Lukomska. Goutweed (Aegopodium podagraria L.)- botanical characteristics and prohealthy properties. Postepy Hig Med Dosw 2020; 74:28-35.
- J. Rafael de Oliveira, S.E.A. Camargo, L. Diae de Oliveira: Rosmarinus officinalis L. (Rosemary) as therapeutic and prophylactic agent. J Biomed Sci 2019; 5.
- B. Pliszka: Polyphenolic content, antiradical activity, stability and microbiological quality of elderberry (Sambucus nigra L.) extracts. Acta Sci Pol Technol Aliment 2017; 16(4): 393-401.
- L. Meot-Duros, C. Magne: Antioxidant activity and phenol content of Crithmum maritimum L. leaves. Plant Phys Biochem 2009; 47 (81): 37-41.
- S. Sanati, B. M.Razavi, H. Hosseinzadeh: A review of the effects of Capsicum annuum L. and its constituents, capsaicin in metabolic syndrome. Iran J Basic Med Sci 2018; 21(5): 439-448.
- D. Hayes, M. J. Angove, J. Tucci, C. Dennis: Walnuts (Juglans regia) Chemical Composition and research in Human Health. Food Sci Nutr 2016; 56(8).

www.ingramcontent.com/pod-product-compliance
Lightning Source LLC
Chambersburg PA
CBHW061133160726
48006CB00037B/1985
* 9 7 8 9 6 1 9 5 5 3 9 1 6 *